教育と福祉が出会う支援

―子ども・教師・専門職がつながる学校・地域をめざして―

山本理絵・望月 彰＋愛知県立大学「教育福祉学研究会」編著

渓水社

まえがき

　現代社会に生きる人々は、貧困、孤立、差別、排除など、様々な課題に直面している。昨今、生きづらさを抱えた子どもたちや若者は増えていると言われる。そのような中で、学校や子どもにおける課題の解決のためには、教育と福祉との連携が必要だということは、よく言われるようになった。教育と福祉の専門機関や専門家のみならず、地域の多様な人々の連携・協働が求められている。

　本書の執筆者の多くが所属してる愛知県立大学教育福祉学部は、2009年に教育発達学科と社会福祉学科の2学科から構成される学部として改組され、人間の尊厳と発達を尊重し教育と福祉が協力・連携して「成熟した共生社会」の創造に貢献できるような教育と研究を推進することを目的としている。私たちは、この間、教育と社会福祉の連携によるウェルビーイングの実現に資する研究を行ってきた。とりわけ、学校における教育と福祉の連携の一つの分野であるスクールソーシャルワークについては、教職員研修や研究を続けてきた。これまでの教育学・心理学と社会福祉学を専門分野とする研究者によるそれぞれの研究テーマを生かした共同研究の成果が本書に盛り込まれている。また、共同研究や研修実施に参加されたスクールソーシャルワーカーの方々にも、実践検討会を何度も開きながら、事例を作成していただいた。

　本書『教育と福祉が出会う支援』は、教育と福祉の連携に関心をもつ方々、学生や、教師、スクールソーシャルワーカーをはじめ、学校・地域で子どもを支援している方々にぜひ読んでいただきたい。とくに社会福祉学を学んだことがない方にも理解できるように、ソーシャルワークの基本的な考え方をおさえたうえで、学校や子ども、地域に生じている諸問題をソーシャルワークの視点からどのように捉えるか、地域における多様な人々への理解や人と人とのつながりをどのようにつくっていくかを論じている。教育と福祉の出会い方は様々で、人との出会い、新たな考え方との出会い、間

接的な出会いもあるだろう。その中で、お互いを知り、子どもの困難やつらさの背景や子どもの思いを読み解き、問題解決に向けて多様な人々が連携・協働していくための視点、包括的な理念や原則、方法論の構築を試みた。「生きづらさ」を個人の課題にとどめるのではなく、周りの環境・組織や社会構造に目を向け、多角的な視点から問題の全体像を把握し対応していく必要がある。序章では、子どもをめぐる現代日本の社会背景と教育・福祉の課題を大局的に捉え、学校教育への福祉的視点の導入、地域の中での教育及び社会福祉の専門職等の連携・協働の重要性を述べている。

　第1部では、学校で子どもたちに生じている問題をソーシャルワークの視点から捉えるとはどういうことか、ソーシャルワークの考え方や視点の基本を述べたうえで、スクールソーシャルワークとは何かや、今日の学校の中で「チーム学校」を機能させ、スクールソーシャルワーカーを生かすための学校経営・リーダーのあり方を論じている。

　第2部では、子どもの困難を捉える視点と対応方法について、まず子どもの権利を基本に据え、発達支援や貧困の見方、虐待の概念と児童相談所の専門性など、社会福祉やソーシャルワークの視点を重視して述べた。普段取り上げられることが少ない、子どもの心身の健康問題に関しても、貧困との関連の視点から考察し、グリーフサポートや起立性調節障害の子どものサポートについても、コラムを含めて掲載した。実践事例は、学校でスクールソーシャルワーカーも参加してケース会議を開いて、支援方針を共有して関係者・関係機関と連携して対応する事例（架空）を作成し掲載した。

　第3部では、学校と家庭及び地域・福祉の連携、地域における教育と福祉の連携の視点から、地域社会における多様な諸問題の教育福祉のアプローチによる捉え方や、お互いの専門性や多様性を理解し協働的に支援するための試みを、歴史、あるいは実践の中に見出して論じている。保護者・家庭支援、夜間中学、移民社会であるドイツにおける学校づくり、福祉教育・地域福祉、ひきこもり、音楽によるつながり、精神障害者への医療・福祉に関する住民理解と、章の構成は、学校から次第に地域に広がる問題へと並べてある。バラエティに富んだトピックであるが、共通する構

えや他の領域においても参考になる考え方や解決に向けた方法を提起している。

　本書は、読者の関心によって、どこから読み始めてもよいように構成してある。各章の紙幅は限られており詳細に説明することはできなかったが、注を参照していただくとともに、問題の捉え方や課題について、そして学校のあり方について読者にも考えていただけることを期待している。

　なお、序章は、出版計画をとりまとめられていた望月彰氏が2019年12月に執筆されたものである。望月氏は、2010年10月に愛知県立大学教育福祉学部・大学院人間発達学研究科に赴任され、2018年3月に定年退職され、名古屋経済大学に移られた。定年退職後は、愛知県立大学客員共同研究員として、科学研究費補助金助成研究を共同で進めていたが、新型コロナウイルス感染症のパンデミック等により出版作業が滞っており、闘病しながら研究活動を続けていた望月氏は残念ながら2022年1月26日に永眠された。

　その後、望月氏に代わって山本理絵が代表としてとりまとめを行い、2022（令和4）年度に愛知県立大学学長特別研究費・出版助成を受けることとなり、本書の刊行に至った。児童養護問題、いじめ問題、子どもの貧困問題、子育て支援等、教育分野及び児童福祉分野において、幅広くご活躍された望月氏の思いを受け継ぎ、形にすることができたことをご報告したい。

編者代表　山本　理絵

目　次

教育と福祉が出会う支援

―― 子ども・教師・専門職がつながる学校・地域をめざして ――

序章　学校教育への福祉的視点の導入
－スクールソーシャルワーカーとの連携に向けて－

望月　彰

1．本書のねらい

　現代日本の学校は、子どもの貧困、児童虐待、不登校、いじめなど様々な悩みや不安、ニーズを抱える子どもへの対応が求められている。同時に、これらに応えるべき教員が、増加しつつある教育課程への対応に加えて日々過大な業務に追われ、多忙化や疲弊が進行していることも解決すべき重大な課題である。本書は、それらの課題解決のためには「福祉の視点」を導入することが有効かつ不可欠であることを提起し、ソーシャルワーク特にスクールソーシャルワーク（以下、SSW）による課題解決の考え方や方法を紹介するとともに、SSWの専門職であるスクールソーシャルワーカー（以下、SSWer）と教員との連携の事例等を紹介して、様々な課題解決のための具体的な見通しを切り拓くことをねらいとしている。

　また同時に、学校教育への福祉的視点の導入は、目の前の課題解決につながるだけでなく、これからの、あるいは、本来の学校のあり方を考える契機となることを、教育と福祉のそれぞれの研究領域からの問題提起によって明らかにし、あわせて、両領域を統一的に捉える「教育福祉」という概念の構築を追究しようとしている。

2．本書のねらいの背景
（1）　子どもの貧困

　子どもの貧困問題は、教育及び社会における競争と格差の拡大を背景に、現代日本の子どもが直面している諸課題の基盤的な課題である。1990年代以降の日本社会は、非正規労働をはじめとする低賃金・不安定就労を主要

な要因として、特に若い世代に低所得者層が増加した。このことから、結婚、子育てへの不安による少子化が進むとともに、子育て中の家庭において、主として経済的な困難を背景として様々な生活手段を剥奪される貧困が拡大してきた。2000年代以降には、OECD諸国のなかで日本の相対的貧困率[1]は高い数値を示し[2]、ひとり親世帯は50％を超えて最悪の状態となっている。子どもの貧困率も2012年には16.3％を示し、6人に1人の子どもは貧困線以下の生活水準におかれていることが社会問題になった。

　貧困は、従来社会的弱者といわれてきた人々に最も深刻な打撃を与えるが、その拡大は、より多くの子どもや家庭を浸食しつつ、生活の困難、さらに、人間らしく生きるための関係性の維持、構築に困難をもたらす。そのことが、特に発達途上にあり社会環境の影響を受けやすい子どもの生活や意識、行動に影響を与える。その結果、学校等において特別な配慮に基づく支援の必要性もまた高まってくる。

　2009年の厚生労働省による相対的貧困率の公表を契機に、各地においてそれぞれの地域における貧困の実情を把握し対策を立てるため、沖縄県を皮切りとして全国の各自治体で子どもの貧困率の調査が行われ[3]、また、研究者や研究団体による調査[4]も行われてきた。そこでは、家庭の所得と子どもの健康、学習意欲や学力、進路、友人や地域との関わりの度合い等との相関が客観的に明らかにされている。また同時に、きわめて困難な状況でくらしている子どもの実態も浮き彫りになってきた。例えば、学校給食が貴重な栄養源となっている子どもの問題、経済的理由による学習環境の格差の問題、その結果としての学力格差や進路格差の問題、さらにその結果、貧困の再生産が引き起こされている実態など、経済的な要因による教育格差・差別が明らかにされてきた。日本国憲法26条の「教育を受ける権利」や教育基本法に定められている「教育の機会均等」に明らかに抵触する状況が進行しているのである。この問題状況に学校がどう対応するか、人権として全ての子どもに平等に保障されなければならない公教育の真価が問われている。

　子どもの貧困には、相対的貧困の概念に含まれる視点として、人々が社会の一員として生きていくために不可欠な人間関係や社会参加の機会が剥

奪されている状態も含まれている。子どもの貧困に目を向けることは、子どもが育つ場としての家庭や学校、地域をはじめ、自然環境や文化とそれらを守り発展させようとする運動、子どもの育ちを支える法制度とその運用及びその改善・改革の取り組みなどにおける様々な当事者どうしの関係性の貧困という問題に目を向けることでもある。

　その点では、日本政府はすでに国連子どもの権利委員会から厳しい勧告を受けている。子どもの権利条約（1989年国連総会採択、1994年日本政府批准）の締約国は、国連子どもの権利委員会によって条約実施状況に関する定期的審査を受けることになっており、第3回日本審査の「最終所見」（2010年6月）では、「本委員会は、驚くべき数の子どもが情緒的なウェルビーイングの低さを訴えていることを示すデータ、ならびに、その決定要因が子どもと親および子どもと教師との間の関係の貧困さにあることを示すデータに留意する」（パラグラフ60）として、「あらゆる環境における実効的な援助を確保する学際的アプローチにより、子どもおよび思春期にある子どもの情緒的および心理的なウェルビーイングの問題に対応するための実効的な措置を取ること」を日本政府に勧告している（同61）。

　なお、ここで使われているウェルビーイング（well-being）という言葉は、本人が感じる安心感、充足感、幸福感、居心地よさ等、及び、その基盤となる客観的な生活状態・条件を意味している。従来の福祉の英語表記である"welfare"に代わり、当事者性をより重視した用語として使われはじめている。日本語としてはまだ適切な訳語が共有されていないが、SSWが目指す目的概念として、きわめて重要なキーワードである。

（2）　児童虐待

　子どもに押しよせる困難のなかで、子どもの生命・生存・発達に直接関わる最も深刻な問題の一つは児童虐待である。児童虐待は1990年代以降急増しており、全国の児童相談所における児童虐待の相談受理件数は、統計を取り始めた1990年には1,101件であったが、10年後の2000年には1万7,725件、2010年には5万7,154件、2018年には15万9,838件と急増している[5]。

児童虐待急増の背景には、経済的貧困とともに、前述のような相対的貧困すなわち地域おける生活や子育ての協同関係の衰退・脆弱化があることは広く指摘されている。特に子育て家庭においては、経済的困窮や長時間労働などの生活形態と合わせ、親子関係を含む人々の関係性の希薄化やゆがみがある。人間関係のゆがみの例としては、子どもへの過剰な期待に基づく早期教育の強制、支配的関係やそれを維持するための体罰などがある。こうした状況の拡大も児童虐待急増の温床となってきたといえる。

　また、この10数年間、毎年70人前後の子どもが虐待で死亡しており、その約半数は乳幼児である。一方、乳幼児期に受けた虐待は心の傷として残りPTSD（心的外傷後ストレス障害）を生みだすとともに、脳にも影響を与えることがわかってきた[6]。就学後における子どもの学習や生活場面においても、児童虐待を背景とする行動状況がありうることを理解し、保護者への対応とともに適切な支援が必要になる場合がある。

　さらに、学校教育現場において承知しておくべきことは、全国で4万人ほどの子どもが、児童虐待等を理由に親元を離れ、里親や児童養護施設等の社会的養護のもとで生活し、日々学校に通学しているということである。近年学校では、個人情報に関する過剰な対応から、担任学級の子どもの家庭環境を把握できていないまま、家庭訪問ではじめて教員がそのことを知るということがある。学区内に児童養護施設等がある学校では、施設が一人ひとりの子どもについて設定している自立支援計画などを共有し、施設職員との緻密で十分な連携をとることが不可欠となる。また、家庭環境がなんとか整い、里親や施設から家庭復帰した子どもが再び学校に通うようになる場合もある。さらに、児童虐待の急増を背景に、施設への入所措置ができず、在宅のまま児童相談所あるいは市町村による支援で対応する場合もある。こうしたケースについては、SSWerを中心に、学校でどのような支援をしたらよいかを十分に検討して取り組む必要がある。

（3）　あまりにも競争的な教育制度

　学校教育のあり方、とりわけ競争主義的な教育制度は、日本の全ての子どもに苦難を強いるものであり、教員や保護者もそこに巻き込まれ、もし

くは荷担している。1970年代から「差別・選別の教育」という言葉でその問題状況は告発され続けてきたが、数十年にわたり世代を超えて競争の渦に巻き込まれるなかで、多くの子ども、教員、保護者は渦の激しさに慣れ、鈍感になってしまっているといえる。さらに、この制度に乗じて営利を得ようとするいわゆる教育産業が拡大し、大学入試制度を含めて競争主義的な社会構造のなかに学校教育が取り込まれてしまっているといえる。

　この状況に対して、国連子どもの権利委員会は、子どもの権利条約の実施状況に関する日本審査のたびに、日本の子どもの権利をめぐる基本的な課題として「高度に競争的な教育制度」を指摘し、毎回その是正を勧告してきた。国連の目すなわち渦の外から見れば、日本の教育制度は子どもの権利侵害の状況にあるということである。しかも、同委員会による審査の結果として公表される「最終所見」において、日本の教育制度の競争的性格の度合いは、第1回（1998年）には‘highly’、第2回（2004年）には‘excessively’、第3回（2010年）には‘extremely’という言葉で、しだいにその程度を強めてきた。また、この基本的な課題の上に、いじめ、不登校などが引き起こされ、子どもの自死事件にもつながっているという認識が示されてきた[7]。

　2019年3月の第4・5回「最終所見」[8]では‘overly’という言葉が使われ、日本の教育がいわば「あまりにも」競争的になっていることを重ねて指摘し、改めてその是正を勧告している。さらに、教育制度だけでなく社会全体の競争的性格によって、子どもが本来享受すべき子ども時代を侵害されかねない日本の現状にも警鐘を鳴らしている。

　すなわち、第3回「最終所見」のパラグラフ42で国連子どもの権利委員会は、「子どもの自殺の危険要因に関する研究を行うこと、予防的措置を実施すること、学校にソーシャルワーカーによるサービスと心理相談サービスを提供すること、および、子どもの指導に関する仕組みが困難な状況にある子どもにさらなるストレスを与えないようにすること」などを日本政府に勧告していたことと関連させて、2019年「最終所見」のパラグラフ20では、「社会の競争的な性格により子ども時代と発達が害されることなく、子どもがその子ども時代を享受することを確保するための措置を取る

こと」を要請している。ルソーの『エミール』(1762年) で提起されて以来、教育や保育、子ども文化など子どもの権利を保障しようとする諸分野の実践のなかで育まれてきた「子ども固有の世界」の重要性が、現代日本においては危機的状況にあるという警告として受けとめ、状況の抜本的改善に立ち向かう必要がある。

　加えて、いまだに管理主義的な「指導」によって子どもの権利が侵害され、「指導死」[9] をも引き起こす事態が後を絶たない。ゼロトレランスといわれる生徒指導がいじめ対策などでも適用され、「いじめは絶対に許されない」との教条主義的なスローガンのもとで、被害を受けた子どもの権利擁護だけでなく、いじめた子どもの背景要因への対応や子どもどうしの関係性の回復のための取り組みがなされない実態もある。

3．学校教育への福祉的視点の導入と子どもの権利保障

　学校教育の現場においては、これらの基本的な課題の解決を目指すとともに、目の前の「困っている子ども」やその保護者が抱える困難に適切に対応していかなければならない。そのためには学校及び教員自身をも巻き込んでいる困難にも対応していかなければならない。もちろん学校教育のなかで、これまで多くの取り組みがなされてきた事実はある。しかし、国連子どもの権利委員会によって何度も勧告が重ねられているように、現実には解決できているとはいえない。

　すなわち、あまりにも競争的な教育制度をはじめ多くの課題を抱える従来の学校教育の枠のなかでは、今日の子どもが抱える困難を解決し、その権利を回復・保障することはきわめて難しいといわざるを得ない。問題解決のためには、子どもの心情やその背景にある様々な関係性の次元から、学校及び学校を取り巻く教育制度や社会体制さらに家庭の生活実態や地域・自治体の実情の次元まで、言い換えれば、ミクロからマクロまでを視野に入れ、子どもの権利擁護の立場に立って問題を構造的に把握するとともに現実的な解決策を検討し、また計画し、実践するソーシャルワークの視点と方法を取り入れることが不可欠である。

　本書が提起している「教育福祉」の概念は、学校教育の場に社会福祉の

視点とりわけ対人援助の実践であるソーシャルワークの視点を導入し、複合的な問題把握と地域レベルでの総合的な問題解決の展望を追究する方法を含んでいる。具体的な方法としてのSSWは、主要には、学校現場を中心に「子どもの最善の利益」[10]の実現を目指して展開される問題解決の方法である。それは、子どもの権利を基盤として、教育及び社会福祉の専門職が協働で織りなして創造しうる新たな地域・自治体づくりにつなげる「教育福祉」の実践ともいえる。

　本来、教育のいとなみには、子どもたちが直面している現実に向き合い、困難な状況を切り拓く見通しを学び合いつつ、子どもたち自身がそのための力を獲得していくプロセスであることが期待される。日本の教育実践における生活綴方教育[11]などはその典型例といえる。その根底には、生活者としての子どもの姿を捉える視点がある[12]。

　現代日本においても、子どもたちは、貧困、差別、障がいなど様々な困難に直面している。高度経済成長以降、貧困は見えにくくなっていた時期もあったが、社会的養護の領域では顕在化していた。また前述のように、1990年代以降には格差の拡大とともにむしろ深刻化している。差別の問題は、障がいの問題とも絡みながら、1970年代以降における「能力主義教育」[13]の展開とともに、多様化の名による選別的な教育体制や受験競争[14]のもとで、すべての子どもを巻き込んで構造的に進行してきた。同時に、生活者としての子どもの姿は見えにくくなり、偏差値や一定の規格への適合度により格付けされた「人材」あるいは教育成果物としての子どもの姿に置き換えられてきたといえる。またあわせて、1956年に愛媛県教育委員会が実施し、翌年から文部省が全国実施を決めた教員への勤務評定[15]を契機に、教員もまた評価される立場におかれてきた。好評価につながる教育成果物としての子どもの姿を追求する教育が拡大し、子どもを生活者として、さらに、生きた人格であり権利の主体として捉える視点が奪われてきたといえる。

　社会福祉のいとなみは、主として社会的弱者の困難に直接向き合い、その生活と権利を守り、人間らしく生きることを援助するいとなみである。そこでは、人々の生活の困難を直視し、そのなかで、あるいは、それを乗

り越えて、人間らしく生きることを保障することが期待されている。したがって、学校教育を社会福祉の視点を取り入れることにより、戦後教育の展開のなかで奪われてきた生活者としての子どもの姿を取り戻すことも期待される。

しかしながら、現実の教育や社会福祉のいとなみは、かならずしもその期待に添うものとはなっていない。教育とりわけ学校教育においては、不登校やいじめなどの子どもの権利侵害の状況が社会問題となって久しく、その背景にある「極度に競争的な教育環境」は多くの子どもにとっていっそう厳しくなっている。社会福祉においても、生活保護の捕捉率の低さに象徴されるように、基本的人権として保障されるべき権利が適正に保障されていない現実がある。さらに、その前提にある労働政策や社会保障政策が実際の国民の労働・生活実態に見合ったものとなっておらず、ひとり親世帯の貧困率が50％を超えOECD諸国のなかで最も高いこと、2006年までの子どもの貧困率に関しては、日本だけが児童手当などの給付による所得再分配後が再分配前より高くなる逆転現象さえ見られた。その意味では、子どもの貧困を背景に学校において顕れている様々な問題状況は、社会福祉の課題でもあり、現代日本の社会福祉のあり方を問い直す契機に他ならない。

4.「教育福祉」論の探究

本書は、直接的には、2016年から４年間にわたり取り組まれた日本学術振興会の科学研究費助成事業（科研費）による共同研究「教育と社会福祉の連携によるウェルビーイングの実現をめざす教育福祉の総合的研究」（基盤研究（B）（一般）、課題番号：16H03766　研究代表者：望月彰）の研究成果をまとめたものでもある。この研究の前提には、ほぼ同じ共同研究者により、同様に科研費によって取り組んだ2011年から３年間にわたる「人間発達の保障をめざす教育福祉ガバナンスと教育委員会改革に関する理論と実践の研究」（基盤研究（B）、研究代表者：坪井由実）、2013年から３年間にわたる「スクールソーシャルワーカーを活用した地域相談支援体制の構築に関する実践的研究」（挑戦的萌芽研究、研究代表者：吉川雅博）がある。また

並行して取り組まれた関連研究として、2012年から4年間の科研費「日本版スクールソーシャルワーク実践スタンダードの開発的研究」（萌芽研究、研究代表者：馬場幸子）、2017年から3年間の科研費「スクールソーシャルワーク実践スタンダードの活用とその効果評価に関する研究」（基盤研究（C）、研究代表者：馬場幸子）がある。

さらに、2014年度及び2015年度の独立行政法人教員研修センター（2017年度より、教職員支援機構に再編）受託事業「教員研修モデルカリキュラム開発プログラム」による「スクールソーシャルワーク教職員研修」事業において展開された研修・研究活動がある。この事業は、愛知県立大学教育福祉学部・大学院人間発達学研究科と愛知県総合教育センター等との連携によって行われ、各年度に愛知県内から応募のあった20数名の現職教員を対象としたSSWに関する研修であるとともに、学校現場において子どもが抱えている様々な困難を出し合い、具体的事例に基づきSSWerを活用することによる問題解決の方法を共に追究する共同研究としての事業でもあった。

これらの研究活動は、教育（学）が追究する人間の「発達」と社会福祉（学）の基盤である「個人の尊厳」を統一的に捉える「教育福祉」の視点から[16]、さまざまな困難を抱える生活者のウェルビーイングをめざす地域における支援システムの中に教育とりわけ学校教育実践を位置づけて、現代日本の子どもたちが抱えている問題解決のあり方を追究したものであり、図1は、その問題意識を表している。

これらの研究及び本書の基本的な視点は、第一に、子どもを生活者として捉えるところにある。言い換えれば、学校教育の場面においても、子どもは、たんなる教育の対象ではなく、家庭、地域をはじめ他者との関係のなかで人間らしく生き、発達し、自らそのウェルビーイングを実現したいという本来的な要求を抱いてるものと捉える。

第二に、現実の生活において子どもは、貧困、差別、いじめ、児童虐待など様々な生存、発達上のリスクに直面しており、子どものウェルビーイングを実現するためには、それらのリスクを解決するための支援を専門とする社会福祉の諸機関（行政）・団体・専門職がそれぞれの機能を十分に

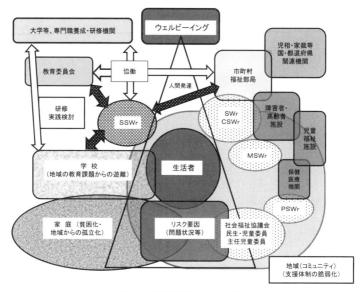

図1　問題意識の全体像

発揮しなければならず、同時に、子ども期を通して時間的・社会的に最も
影響力のある学校との協力関係を築かざるを得ないという視点である。戦
後教育において、教育と教育行政の分離、教育行政と一般行政の分離が理
念もしくは原則とされているが、歴史的には、その原則が強引に打ち破ら
れてきた一方で、その硬直的な運用によって学校と教育委員会との癒着や
閉鎖性が構築されてきた側面もある。いま子どもたちが抱える様々な困難
を前にして、学校という教育現場だけの努力によるのではなく、教育行政
の役割の再検討さらに図の右側にある福祉行政をはじめとした子どもに関
わる機関・団体・専門職（SWr：ソーシャルワーカー、CSWr：コミュニティ
ソーシャルワーカー、MSWr：医療ソーシャルワーカー、PSWr：精神保健福祉
士）及び児童福祉実践との連携を追求せざるを得ないといえる。

　第三に、そうした協力関係や連携は、現実には、地域の社会資源の実情
や個人の奮闘などにより多分に試行錯誤的もしくは無原則的に行われてい

ることから、問題解決のための包括的な理念や原則、方法論の構築が不可欠であるという視点である。その意味では、教育、福祉だけでなく子どもに関わるあらゆる分野における子どもの権利保障の原則を示している国連子どもの権利条約は最も重要な法規範となり、学校教育及びそこにおいて諸機関・団体等との連携を主導するSSWの基本的な実践指針ともなる。また、政府レベルの今後の重要課題として、同条約に基づく条約実施状況に関する国連審査において日本政府が国連からたびたび勧告を受けている子どもの権利基本法[17]の制定や子どもの権利を実現するための財政措置を伴う包括的な政策、戦略の策定・実施が求められる。その際、子どもの権利を実現するという視点に立った教育実践の要は、SSWerとの連携によるものとなろう。

注
1）等価可処分所得（手取り収入）が国民全体の中央値の半分以下の人の割合。
2）厚生労働省による2009年10月20日の報道発表で、「相対的貧困率は、2007年の調査で15.7%、子どもの相対的貧困率は14.2%」であることが明らかにされた。
3）2016年3月に「沖縄県子どもの貧困実態調査」の結果が公表され、次いで2017年9月に「愛知子ども調査」に基づく「子どもが輝く未来に向けた提言」が公表され、さらに、東京足立区（2015年）、大阪市（2016年）などの自治体での調査が行われている。
4）例えば、戸室健作（2016）「都道府県別の貧困率、ワーキングプア率、子どもの貧困率、捕捉率の検討」『山形大学人文学部研究年報』第13号．また、子どもの貧困対策「見える化」プロジェクト（首都大学東京　子ども・若者貧困研究センター／日本大学／公益財団法人あすのば）（2016）「都道府県の子どもの貧困対策事業調査2016　報告書」など。
5）厚生労働省ホームページ：「児童相談所での児童虐待相談対応件数とその推移」2019年12月。
6）2015年10月4日の福井新聞は、「虐待原因の『愛着障害児』　脳の特定部位に異常　世界初、福井大が発表」との見出しで、「福井大は2日、児童虐待が原因の愛着障害の子どもは、健常児より脳の知覚・感情をつかさどる部位の容積が平均約2割小さく、意欲に関わる別の部位では活動が低下しているとの研究成果を発表した。愛着障害児の脳の異常を具体的に明らかにしたのは世界で初めてという。発症のメカニズム解明や診断、治療の開発につながる成果と期待される。」と、福井大子どものこころの発達研究センターの島田浩二特命助教、友田明美教授らの研究成果を報

道。

7）2010年の第3回審査での勧告を受けて、日本政府は、2017年6月に第4・5回日本審査のための政府報告書を提出した。そこでは、「仮に今次報告に対して貴委員会が『過度の競争に関する苦情が増加し続けていることに懸念をもって留意する。委員会はまた、高度に競争的な学校環境が、就学年齢にある児童の間で、いじめ、精神障害、不登校、中途退学、自殺を助長している可能性がある』との認識を持ち続けるのであれば、その客観的な根拠について明らかにされたい。」という挑戦的な報告をしている。

8）国連子どもの権利委員会第80会期（2019年1月14日から2月1日）において採択され、3月5日に一般公開された「日本政府第4・5回統合報告に関する最終所見」

9）大貫隆志編著（2013）『「指導死」－追いつめられ、死を選んだ七人の子どもたち』高文研.

10）子どもの権利条約第3条に規定されている同条約の基本原則の一つである。同条第1項では、「児童に関するすべての措置をとるに当たっては、公的若しくは私的な社会福祉施設、裁判所、行政当局又は立法機関のいずれによって行われるものであっても、児童の最善の利益が主として考慮されるものとする」と定められており、「すべての措置」のなかには、当然のことながら学校教育も含まれる。

11）「生活が陶冶する」という言葉を残したJ.ペスタロッチ（1746-1827）の思想と実践を源流とする生活教育の一環として、大正自由教育運動とともに日本独自に発展した。戦後における教育実践の出発点ともいえる無着成恭の『山びこ学校』（1951）は、東北・山形の貧しい農村に残る封建的な社会のしくみの現実を直視し、綴方を通して未来を展望する教育の展開を著した実践記録として注目された。

12）今日においてもこのような視点を持ち続けながら教育実践・研究運動に取り組んでいる教育研究団体としては日本生活教育連盟などがある。同連盟編（1998）『日本の生活教育50年－子どもたちと向き合いつづけて－』学文社. など参照。

13）1971年の中央教育審議会答申「今後における学校教育の総合的な拡充整備のための基本的施策について」が「能力主義教育」導入を打ち出したことを重要な契機として、学力テストや高校入試等に基づく「能力」別の教育体制が構築されはじめた。

14）体系的な批判及び対案の提起として、教育制度検討委員会・梅根悟編（1974）『日本の教育改革を求めて』勁草書房. 参照。

15）これに対して、当時の日本教職員組合（日教組）は、1957-61年に勤評反対闘争を展開した。また同時期、1956年に全国の小中学生・高校生の一部を対象に、1961年には中学2、3年生の全員を対象に実施された全国一斉学力テストに対する反対闘争も展開された。この闘争により、悉皆方式の全国一斉学力テストは、1965年から抽出調査に移行し、1966年には旭川地裁による違法判決を契機に中止された。しかし、2007年に文科省は全国の小学6年生と中学3年生に対する悉皆調査を再開し、2010年の政権交代で抽出調査になったものの、第二次安倍政権によって再び悉皆調査が実施されている。

16）ここでの教育福祉の視点は、主として、小川利夫の教育福祉論（小川利夫・永井憲
　一・平原春好編（1972）『教育と福祉の権利』勁草書房.）に依拠している。

17）国連子どもの権利委員会は、第2回「最終所見」（2004年）パラグラフ11で、条約
　の原則及びすべての権利を基礎におくよう「国内法の包括的な見なおし」を勧告し
　た。第3回「最終所見」（2010年）パラグラフ11では、それにもかかわらず、いまだ「包
　括的な子どもの権利法が制定されていないことを懸念」し、同12で、「子どもの権
　利に関する包括的な法律の制定を検討する」ことを「強く勧告」している。このよ
　うな日本政府の状況に対して、第4・5回「最終所見」は、パラグラフ7及び8に
　おいて、日本政府に対して次のように勧告している。

　　＜立法＞7．様々な法律改正に関する締約国からの情報に留意しながらも、本委員
　　会は、子どもの権利に関する包括的な法律を制定し、かつ、現行の法令を本条約
　　の原則及び規定と全面的に整合させるための措置をとるよう締約国に強く勧告す
　　る。

　　＜包括的な政策および戦略＞8．本委員会は、本条約のすべての領域を包括し、政
　　府諸機関の間の調整と相互補完性を確保する子どもの保護に関する包括的な政
　　策、及び、十分な人的、技術的および財政的資源に裏打ちされたこの政策のため
　　の包括的な実施戦略を発展させることを締約国に勧告する。

第1部
学校における問題を
ソーシャルワークの視点からとらえる

第1章　ソーシャルワークとは

田川　佳代子

1.「みえにくい」ソーシャルワーク

　長い間ソーシャルワークに携わる人でも、「ソーシャルワークとは何か」と聞かれ、すぐさま的を射た説明のできる人はあまり多くない。それにはいくつかの理由が考えられるが、その1つとしてソーシャルワークが行われる文脈の多様化や社会の複雑化がある。

　高機能化する社会に伴って、特定領域の問題を取り扱う専門職への期待や要請は増している。日本では学校ソーシャルワークの歴史は比較的浅いものの、保健医療や精神科、矯正、司法、リハビリテーション等の専門領域と並び、ソーシャルワークの貢献がみられる。

　医療の現場であれば、医師、看護師、検査技師、薬剤師等のすでに社会的に承認されている専門職が存在する。学校では教員が占めるなか、新参者のソーシャルワーカーは雇用組織の要請に応え、地域の関係機関と相互に連携しながら役割・任務を遂行していく。そこではやはり具体的な成果が期待され、費用対効果を含め、組織の運営管理の責任者とサービス利用者、そして社会全体の公益に対し、説明責任を果たしていく。

　組織の内外で、また異なる組織間において他者と働く際に、ソーシャルワーカーは何をする人か、自らを説明することが求められる。そこに「わかりあえなさ」があるとすれば、それを克服し、協働することのできる足場をみつけるため、相手のみているものを知ることに時間と労力を割く。学校においては、窓口となる校長や教頭、担当教員、あるいは教員間の協力によって協働のあり方は変わり、その背後の困難を抱える子ども家庭の支援も左右されてくる。支援に携わる関係者が相互に共有可能な目標の設

定を行い、課題の達成に向けて協働するための下準備をする。

2．地域を基盤としたソーシャルワーク

　日本では、ソーシャルワークの専門職として、社会福祉士・精神保健福祉士が国家資格として制度化されている。国が認定した教育カリキュラムを備える機関によって養成が行われ、資格付与に係る試験制度、専門職団体が設置されている。

　2017（平成29）年度社会福祉法の改正では、地域福祉推進の理念を規定し、2018（平成30）年4月から市町村における包括的支援体制づくりの努力義務化が始まっている。続く2020（令和2）年度の改正では、めざすべき社会像として「地域共生社会」の規定が追加された。

　包括的支援体制とは、第1に「住民に身近な圏域」において、地域住民等が主体的に地域生活課題を把握し解決を試みることができる環境の整備（社会福祉法第106条の3第1項第1号）、第2に「住民に身近な圏域」において地域生活課題に関する相談を包括的に受け止める体制の整備（同項2号）、第3に「市町村域」において、多機関協働による市町村における包括的な相談支援体制の構築（同項3号）のことをいう（厚生労働省通知　2017）[1]。

　本人主体を基軸に、地域住民の支え合いを基調としつつ、日常生活圏域における専門職と地域住民とが協働する総合相談体制とそれを支える自治体の役割の明確化により、地域を基盤としたソーシャルワーク[2]を社会に拡大していく。そのため、社会福祉士の養成教育が見直され、2020（令和4）年度から新たな教育カリキュラムがスタートしている。

3．ソーシャルワークにおける個別化の意味

　ソーシャルワークの実践では、対象者であるクライエントと援助者であるワーカーとの間の相互作用を重視し、そこで形成される関係性を援助過程で活用する。その関係性を対象化し、自らの実践を振り返るリフレクションの過程が重視されている。

　2000（平成12）年に、社会福祉法が措置制度からサービス利用契約制度

へと転換され、行政や専門職主導から、本人主体の選択による支援へと移行されてきた。社会福祉実践には社会福祉政策の影響が沁み込み、そうした状況にクライエントもソーシャルワーカーもおかれている。

　ソーシャルワークの個別化の過程では、クライエントのニーズに寄り添い、尊重、受容、共感などの面接技法を用い、当事者の言葉に耳を傾け、語り手にとっての主観的現実を理解するとともに、そこにみられる私的な諸問題と関連する社会的諸問題を捉え返していく。

　他方、ワーカーは、雇用組織の要請に応じる義務を持つ。経済至上主義の組織改革は教育や福祉においも例外ではなく、自己責任、能力主義など、そのような組織の圧力は、時として、クライエントのニーズに応えていくことと、組織の要請に応えることとの間で、ワーカーに倫理的なディレンマや葛藤をもたらしている。

　例えば、不登校には「居場所」としてフリースクールが用意され、子どもの声を聞く側が「支援の必要な子」と捉え、その子を支援することで終わってしまい、余裕のない「学校を何とかしよう」にはつながらないことがある。個別化するということは、問題を個人の心構えの問題にすり替えるのではなく、各人と向き合い、どのような状態を生きづらいと感じているのか、困難のありかを問うことである。「生きづらい」という訴えに触れたならば、「生きづらくしているものは何か」を同時に考えることが必要である。人々の抱える問題を、「生きづらさ」という言葉で一括りにすることの功罪が問われている[3]。

　ソーシャルワークにおいて個別化は、困難を個人の問題に帰すのではなく、生きづらくさせている能力主義や自己責任の社会、しんどさの原因となっている社会構造を問い、そこに横たわる社会的諸問題を浮彫にし、それを社会課題として発信し解決に向けて働きかけていくものである。

　福祉行政の手続きでは画一的に対処され、硬い線によって外側に排除され、苦しむ人がいる。複雑な事情や経験が斟酌されず、人間扱いされていないと感じ、無力さに打ちのめされる人もいる。個別化とは、人間が個別的な存在であることが理解され、硬く閉ざされているように見えた線が利用者の事情に合わせて少し揺らぎ、変動することと理解される[4]。

4．ソーシャルワークの視座
（1）　エコ・システムの視点

ジョンソン・ヤンカによれば、ジェネラリスト・ソーシャルワークの相互作用過程を構成する主な諸要素は、ワーカー、クライエント、環境、個人との相互作用、マルチパーソン（複数の人々）の相互作用とされる[5]。

ジェネラリスト・ソーシャルワークは、1990年代以降、北米において体系化されたソーシャルワークの理論であり、ソーシャルワークを構成する知識・技術・価値を一体的かつ体系的に構造化したものである[6]。

日本において、ジェネラリスト・ソーシャルワークは、地域を基盤としたソーシャルワークの基礎理論として位置づけられている。ジェネラリスト・ソーシャルワークの5つの特質として、①点と面の融合、②システム思考とエコシステム、③本人主体、④ストレングス・パースペクティブ、⑤マルチシステム、が挙げられる[7]。

人々の持つ諸問題は、クライエントとワーカーの1対1の相互作用において取り扱われるが、同時に社会システム論の視座に依拠しながら、マルチパーソン・システムの連関的な交互作用において捉えられる。

図1

マルチパーソン・システムの連関的な交互作用について、図1を用いて説明すると、正多面体（正二十面体）の1つの頂点と対極の頂点との間の相互作用の影響は、正三角形の別の頂点に作用し、また正多面体全体に影響作用する。

この概念は言葉による説明だけでは伝わりにくいかもしれない。以前、オランダのイエナ・プランという異年齢教育を行う学校を訪問した時のことを思い起すと、それは4歳の子どもにも伝えられるものである。校長先生が1つの教具を片手に持ちパッと振ると直線が多面体に形を変え、また振るともとの直線に戻る形の変化を繰り返しみせ、学校教育の理念を「個

人を知る」「他者を知る」「社会を知る」の３つから成ると説明した。その
概念は視覚的なイメージをともなって記憶され、感覚的に理解される。

　諸個人の集まり、家族、小集団、コミュニティ、公的組織や民間組織、
多様な文化・社会といった様々なミクロ、メゾ、マクロ・システムのレベ
ルのシステム内またシステム間の交互作用が視野に含まれる。

　例えば、コロナウイルスは細胞システムの変異にとどまらず、人間の生
体システム、家族の集団システム、地域生活や学校・会社の機構システム
に影響し、さらに国家の社会システムのみならず、グローバル社会の超国
家システムにも影響作用し、私たちの日常生活に混乱を生じさせた。

　不登校を例にとれば、個人の行動や性格に原因を探るというよりは、そ
の子の環境を構成する家族や家族の環境（職場、近隣関係）、学校での教師
や友人関係、学校のおかれている状況など、連関的な交互作用によって問
題を把握していく。個人・家族・学校等のシステム間の交互作用に何らか
の摩擦や意思疎通の遮断があれば、その改善を試みるのが、ソーシャルワー
クの働きになる。状況の中の人のよりよい適応と均衡をもたらすために、
意図的な関与と情報の収集・分析を行い、明確な意図や目的を持った介入
計画のもと実践に移されていく。

（２）　生涯発達とライフコースの視点

　ソーシャルワークが向き合う範囲は大変幅の広いものである。命の芽生
え、妊娠期から、死と向き合う人生の終末期まで、希望と絶望、喜びと悲
嘆を交え、加齢とともに変化する個々人の生涯発達における心理社会的課
題に関連する。

　人生上の予期される出来事には、出産、進学、就職、結婚がある。この
ほかに個人のライフコースの時間軸と同期する歴史・社会的な出来事とし
て、災害や戦争、経済恐慌など、人々のライフコースに深刻な影響をもた
らす出来事がある。これらの世代を超えて連鎖する出来事は、ジェノグラ
ム（家系図）を用いて世代内・世代間関係を把握することで、現在の家族
が抱える問題の理解につながる。

　生涯発達やライフコースの視点から、個々人の持つサポート・ネット

ワークがどのような状況であるか、支え・支えられる関係の質と量を把握することにより、必要な支援が何かを明らかにするのに役立てられる。

　サポート・ネットワークは諸個人の加齢とともに変化するものでもあり、家族は諸個人のライフコースの束と捉えられる。子育てする共働き夫婦核家族が、家族のケアと仕事の負担のバランスをとることは社会的な課題である。家庭の外に支援を求めることで一時期の困難を乗り越えることもできる。個人のサポート・ネットワークを構成する家族や親族、近隣、友人、職場等のインフォーマルなサポートと、制度や施策によるフォーマルなサービスによる公私の協働を調整していく役割が必要とされている[8]。

　例えば、小学校低学年の子を持つ家庭の両親が、登校前に仕事に出かけるため、子が寝過ごしてしまって登校できないという問題が発生していたところ、学校の教員が社会福祉協議会のコミュニティソーシャルワーカーに相談し、そこから地区の民生委員・児童委員につながり、登校時における家庭のサポートに入るようになって、問題が解消したという身近な事例がある。

（3）　本人主体－クライエントと一緒にする－

　ソーシャルワークは、社会的に周縁化・疎外化された状態にあって、自ら助けてほしいと声に出せないでいる社会的に脆弱な人々の物質的・非物質的な諸問題に関心を持ち、支援することに関心を寄せてきた。

　ソーシャルワーク実践の固有性は、クライエントとともにあること、クライエントと一緒にすること、つまり、“with”や“together”という言葉に反映される。クライエント不在の問題の整理や見立ては、誰の利益に資するものなのか、今一度問い直すことが必要である。専門職主導によるパターナリズムや、統治の道具としてソーシャルワークを用いることは、本人主体の支援からは遠ざかるものである。

　クライエントにとって自身のソーシャルサポート・ネットワークに誰が入ってほしいかは、クライエント自身に尋ねられ希望に沿って決めることが基本である。クライエント自身のセルフ・マネジメントの力量を高める

ことで、困難な状況におかれても、本人の適応する過程や能力を高め、支援の結果が効果的なものになることをめざしていくものである。

（4）　構造的アプローチ

　ソーシャルワーク実践において最も難しく、専門性を求められる面接は、クライエントの「抵抗」を取り扱うものである。社会福祉の対象になるのは、多くの場合、いやいやながらにしてクライエントになる。例えば、非行や犯罪を犯した少年の面接について、クライエントの抵抗をどう取り扱うのかについて多くの議論がされている。

　クライエントの心の扉が開かれるのを待つということは、ワーカーの思い描く結果を出すのを急ぐことではない。クライエントに寄り添い、伴走型の支援を可能とするために必要な制度や環境の整備、人の雇用や配置のあり方に関わる。自治体における専門職の非正規雇用化や、委託先に委ねられる人の雇用の在り方には見直されるべきいくつかの課題がある。

　ソーシャルワークは、諸個人の私的な諸問題であっても、人々の性格や個人的状況のみではなく、無数の個人的状況に影響を与える政治的経済的な問題を考慮し、構造的諸問題を分析する視点を持つ。体制や体制の欠如によって引き起こされ、諸個人の生活に深く影響をもたらす構造的諸問題に対し、個人の問題に帰し、個人的解決を求めるのではなく、無力な状態におかれている諸個人を助けることに関心を注ぐ[9]。

　社会の複雑さは限りなく増大し、問題を1つの原因に特定し、1つの明確な診断や解決に還元することは難しいかもしれない。その一方で、社会の対応は細分化し、分断、断片化が生じている。脆弱な立場の人の話にじっくりと耳を傾け、謙虚に自らの実践を省察し、それを実践にフィードバックするのは、ソーシャルワーカーの重要な働きである。

5．教育と福祉に改めてケアを含めること

　ソーシャルワークの起源においては、他者への思いやりや配慮、ケアは、慈善組織協会の友愛訪問やセツルメント運動を支えてきた知識基盤に不可分のものとして統合されていた。しかしながら、ソーシャルワークが専門

職化の道を辿り、大学・大学院で教育が行われる発達の過程で、ソーシャルワーク実践を科学化することに重きがおかれ、その知識基盤から思いやりや配慮、ケアは、量化測定することが困難なものとして、切り離されてきた。

その後、狭い意味での科学主義が批判され、ソーシャルワークの知識に影響した科学主義の見直しを経て、ソーシャルワークの知識に改めてケアを含める認識的視座の拡がりがみられた[10]。

多くの専門職が固有の領域を主張し、固有の業務の独占を主張するが、かならずといってよいほど専門職と専門職の間には隙間が生じ、その余地を適切につなぐ役割が必要とされる。

教育と福祉は縦割り制度のなかで異なる分野と位置づけられるが、その形成過程は、同じ木の幹であると考えられている。ソーシャルワークの母と称されるメアリー・リッチモンドは、著書『人間の発見と形成　人生福祉学の萌芽』（Richmond 1922／杉本訳 2007）の序論で、サリバンのことを著している[11]。

　　教育面に関していうと、サリバンの方法のいくつかは今日の最も進んだ学校教育の方法を予見していた。社会面に関しても、ソーシャルワークがまだ浸透していなかったにもかかわらず、そこには多くの点で近代ケースワークの実践方法が示されている（2007：19）。

サリバンはヘレンケラーと生活のすべての場面をともにし、あらゆることを教えた。教育や福祉からケアが切り離され、分業が進むにつれ、専門職制度の細分化が進み、人への関わりも断片化、部分化されて、全体としての人をみることが減ってきた。

かつての「学校」は子どもや老人をはじめとした共同体全体の<生>を養うウェルビーイングの拠点であった。近代以降、福祉も教育も社会統治の一環として、一方的かつ慈恵的に構築されたが、福祉国家の限界を前にし、新たなウェルビーイングの形が模索されている[12]。

少子化により小学校の統廃合が各地でみられる。廃校となった校舎を地

域における多世代交流の拠点として再生し、高齢者の居場所や障害者の社会参加に活用される。自治体の包括的支援体制づくりにおいて、多世代交流の拠点で市民による積極的、能動的な参加や、個別のニーズを地域で受け止める機会の創出により、新たな循環が生み出されている。

6．市民力に基づくソーシャルワーク

　官は必ずしも公ではなく、官から民への潮流において、真に公を築くのは、国ではなく市民社会のメンバーと考えられる[13) 14)]。

　ソーシャルワークの使命は、個別的な諸問題に横たわる社会的な諸問題を捉え返し、それを個々人の問題に帰すのではなく社会的な諸問題として課題解決を図ることである。

　その意味において、シティズンシップを育み、市民が行政や専門職と対等な関係を築き、政策決定過程やサービス供給過程における行政と民間組織の協働に市民も参画する力を備え、そのために必要なコンピテンシーを獲得し、その能力を育むための教育は重要である。

　社会福祉で行われてきた改革は、3つの分権である。すなわち、①国から地方へ、地方分権化を通じ、地方自治体に委ねられる、②民営化を通じ、市場に委ねられる、③市民社会を通じ、市民に委ねられる、これらの福祉の供給を担う「漕ぎ手」の改革がめざされる[15)]。

　今日の福祉サービスは、利用契約制度の枠組みにおいて、本人主体の自由意思に基づく選択を希求するが、選択がもたらすのは自由のみではなく、様々な問題もまた付随する。本人の選択は、その人自身のものにとどまらず、多くの人々を巻き込み、その人が何を選ぶかは、好みだけではなく、可能性の条件にも依拠してくる[16)]。

　知的障害者や精神障害者、認知症高齢者が地域生活をするために金銭管理サービスの利用が必要な場合がある。判断能力の低下がみられるものの、契約能力が認められ、サービスの利用意向が確認されている場合、サービスの利用契約につなげていく。本人の選択は自己管理・自己制御（セルフ・コントロール）・自己責任を求めるものである。

　社会福祉サービスの利用において、本人主体の選択をするために、市民

の主体性や力量はどう獲得されうるか。市民の力量を高めるための教育プログラムはどのようなものか。地域において多様な主体と協働していくにあたり、ソーシャルワークはどう貢献していくことができるか。このような問いを携えつつ、検討を重ねていく。

――――――――――――

注

1 ）厚生労働省告示第三五五号「社会福祉法に基づく市町村における包括的な支援体制の整備に関する指針」（https://www.mhlw.go.jp/file/06-Seisakujouhou-12600000-Seisakutoukatsukan/0000189726.pdf 2022/11/25最終閲覧）

2 ）岩間伸之・野村恭代・山田英孝・切通堅太郎（2019）『地域を基盤としたソーシャルワーク－住民主体の総合相談の展開』中央法規.

3 ）光武克・桜井智恵子・貫戸理恵「オピニオン＆フォーラム耕論『生きづらさ』言葉の功罪」光武克「突き詰めた周りとのズレ」、桜井智恵子「自己責任に追い込む武器」、貫戸理恵「他者とつながる足掛かり」朝日新聞2022年 9 月 7 日付記事.

4 ）東畑開人「コロナで帰国できない！　外側で気づく『線』の暴力」朝日新聞（社会季評）2022年 9 月22日付記事.

5 ）Jonson, L. C. & Yanca, S. J (2001) *Social Work Practice: A Generalist Approach.* 7th ed., Allyn & Bacon.（山辺朗子・岩間伸之訳（2004）『ジェネラリスト・ソーシャルワーク』ミネルヴァ書房）

6 ）前出 2 ）p.17.

7 ）前出 2 ）pp.17-18.

8 ）松岡克尚（2005）「第10章ソーシャルサポート・ネットワーク」久保紘章・副田あけみ編著『ソーシャルワークの実践モデル』川島書店. pp.185-204.

9 ）Wright Mills, C. (1959) *The Sociological Imagination.* Oxford University Press.（鈴木広訳（1995）『社会学的創造力』紀伊國屋書店）

10）Roberta Wells Imre (1982) *Knowing and Caring,* University Press of America.

11）Richmond, M. E. (1922) *What is Social Case Work? An Introductory Description.* Russell Sage Foundation.（杉本一義訳（2007）『人間の発見と形成　人生福祉学の萌芽』出版館ブック・クラブ）

12）白水浩信（2010）「福祉・教育の複合施設「楚洲あさひの丘」鈴木七美・藤原久仁子・岩佐光広編著『高齢者のウェルビーイングとライフデザインの協働』御茶の水書房. pp. 37-52.

13）小滝敏之（2007）『市民社会と近隣自治』公人社. pp.74-75.

14）神野直彦（2004）「第 1 章ソーシャル・ガバナンス－官から民への分権」神野直彦・澤井安勇編著『ソーシャル・ガバナンス新しい分権・市民社会の構図』東洋経済新報社. pp.2-4.

15）Van Ewijk, Hans (2018) *Complexity and Social Work*. Routledge, p.80.

16）Annemarie Mol (2008) *The logic of care: Health and the problem of patient choice*. Routledge.（田口陽子・浜田明範訳（2020）『ケアのロジック－選択は患者のためになるか』水声社）

第2章　スクールソーシャルワークとは

馬場　幸子

1　学校で生じている問題をとらえる視点

（1）　今、学校で起こっていること

　いじめ、不登校、暴力行為、学力不振や授業参加困難など、学校内で課題となっている事柄は様々あり、教員による指導や学校内での取り組みだけでは対応しきれない事案も多い。それは、子どもが抱える困難や学校内で“現象として生じている”問題行動等は、子ども個人の特性や心情等のみに起因するわけではなく、家庭や地域社会、学校制度や法律、社会情勢、テクノロジーの発達など様々な事柄から影響を受けて生じているからである。そして、課題や問題の解決にあたっては、生じている事象の全体像を、人々を取り巻く「環境」も含めて考えなければならないからである。ここでいう「環境」とは主に社会環境のことで、多くの人々にとって一番身近な環境は家族であろう。そして、友達や教師、学校、病院、地域社会、制度、文化など様々なものを、個人と影響しあっている環境ととらえる。

（2）　ソーシャルワークの視点

　人々が生活するうえで経験する事柄を、その人を取り巻く環境も含めてとらえる視点は、生態学的視点（エコロジカル視点）といわれ、ソーシャルワークの基本となるものの見方である。この生態学的視点を使って、1つの短い事例を説明してみたい。

　小学4年生の男児Aは、授業中落ち着きがなく、周囲の子にちょっかいをかけたり、勝手に席を立って教室から出ていったりする。成績は芳しくなく、小学校2年生程度の学力である。気に入らないことがあると、大声

で叫んだり、暴力をふるったりする。にらみつけるかと思うと、極端に人を避けたりもする。

　対応に苦慮した担任は、スクールソーシャルワーカー（SSWer）に支援の要請を行った。SSWerが学校を訪れ事情を訊くと、担任は「Aは、発達障害だと思うんです。正直、普通学級でやっていくのは難しいと思うので、SSWerさんから特別支援学級への転籍を勧めてもらいたいのです。」と述べた。

　Aの個人特性として発達障害の可能性は無視できないものの、学校でのAの行動や学力不振にはほかにも要因があるのではないかとSSWerは考えた。そこでSSWerは、Aが発達障害かどうか、また特別支援学級へ転籍すべきかの判断はひとまず置いておいて、先に、今Aがどのような状況（環境）にいるのかを調べることにした。その結果、次のようなことが分かった。

　Aは家庭で両親から身体的・精神的な虐待を受けていた。家庭でのストレスが、問題行動や、授業に集中できないことにつながっていると思われた。父親は、酒を飲んではAや妻（Aの母親）に怒鳴り散らし、時には暴力をふるうこともあった。一方母親も、Aが母親の言うことを聞かないと、感情的にAを叱りつけていた。

　しかし、もともと父親はそれほど酒を飲むたちではなかったし、どちらかといえば子煩悩だったようである。Aが1年生の時には学校行事にも来ていたとのことである。失業して以来、再就職先が見つからない日々が続き、イライラと不安が募っていた。父親は自らの落ち度で仕事をクビになったわけではない。会社の経営が悪く、リストラ対象になってしまったのである。Aの住んでいる町は、人口減少により新たな雇用はない。そもそも社会全体が不況に陥っている。失業者への補償も十分ではない。

　母親は、Aが幼いころからAのことをAの兄に比べて「育てにくい子だ」と感じていたが、2年前に夫（Aの父親）が失業するまではAにつらく当たるようなことはなかった。パートタイムで働く自分に一家の家計すべてがのしかかり、夫とのいざこざが増えるにしたがって、Aを感情的に叱りつけることが増えた。学校から電話があった日には特にひどくなった。

　この事例からわかることは、Aがとても苦しい家庭環境で生活している

ということである。そして、経済的に困窮した生活で、両親もまた苦しんでいるということである。そのような中、学校からの連絡は母親のストレスを増長させる要因にしかなっていないと思われる。

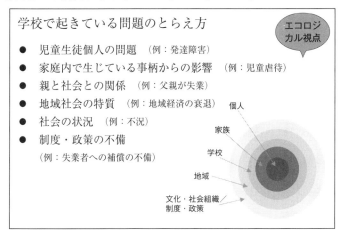

　様々な要因が重層的に重なりあってAに影響を与えているのである。Aのストレスを軽減するためには、両親のストレス軽減も必要である。そのためには父親の再就職が望まれる。また学校からの連絡が母親のストレスを高めているようなので、学校と母親との関係性を改善することも喫緊の課題である。SSWerは、このような見立て（アセスメントと呼ぶ）を学校の教員らと共有し、AとAの家族への支援を展開していった。

2　スクールソーシャルワーカー活用事業
（1）　事業の開始

　これまで述べてきたように、「いじめ、不登校、暴力行為、児童虐待など、児童生徒の問題行動等は……（中略）……教育上の大きな課題である」こと、また、「児童生徒の問題行動等の状況や背景には、児童生徒の心の問題とともに、家庭、友人関係、地域、学校等の児童生徒が置かれている環境の問題が複雑に絡み合っている」ことが考えられるため、文部科学省は2008年、「児童生徒が置かれている様々な環境に着目して働き掛け」、「学校内

あるいは学校の枠を越えて、関係機関等との連携をより一層強化し」、「問題を抱える児童生徒の課題解決を図る」ための「コーディネーター的な存在」として、「教育分野に関する知識に加えて、社会福祉等の専門的な知識や技術を有する」SSWerを活用し始めた[1]。

その際に示されたSSWerの職務内容は、次の 5 つである。

①問題を抱える児童生徒が置かれた環境への働きかけ

②関係機関とのネットワークの構築、連携・調整

③学校内におけるチーム体制の構築、支援

④保護者、教職員等に対する支援・相談・情報提供

⑤教職員等への研修活動

（2）　資格

SSWerは社会福祉士あるいは精神保健福祉士の国家資格を有する者がその役割を担うとされている[2]。またSSWerは、福祉の専門的知識や技術に加え、学校教育や教育組織、教育に関する法律や制度について理解し、学校または教育委員会の一員として仕事をしている[3]。

ただし、2008年の事業開始当初はこの規定がなく、2015年時点でも社会福祉士の資格を有するSSWerは50％、精神保健福祉士の資格を有するSSWerは28％にとどまっていた[4]。現在も、福祉の資格未保有者（例：元学校長）がSSWerとして雇用されている地域も少なくない。

福祉の資格未保有者がSSWerとして仕事をする際には、自治体や職能団体が提供する研修などを活用し、ソーシャルワーク専門職としての力量を身につけることが推奨される[5]。

（3）　法的位置づけ

SSWerは、「学校教育法施行規則の一部を改正する省令」（2017年 4 月施行）の中で、学校職員として児童の福祉に関する支援に従事する者と位置付けられている。

> 第65条の3　スクールソーシャルワーカーは、小学校*における児童の福祉
> に関する支援に従事する。
> （*筆者注:中学校、義務教育学校、高等学校、中等教育学校、特別支援学校にも
> 　　　　　準用）

　また、学校教育法施行規則の改正に先立ち、2017年1月には文部科学省がSSWerおよびスクールソーシャルワークを以下のように示した。

> 　SSWは、児童生徒の最善の利益を保障するため、ソーシャルワークの価値・知識・技術を基盤とする福祉の専門性を有する者として、学校等においてソーシャルワークを行う専門職である。スクールソーシャルワークとは、不登校、いじめや暴力行為等問題行動、子供の貧困、児童虐待等の課題を抱える児童生徒の修学支援、健全育成、自己実現を図るため、ソーシャルワーク理論に基づき、児童生徒のニーズを把握し、支援を展開すると共に、保護者への支援、学校への働き掛け及び自治体の体制整備への働き掛けを行うことをいう。そのため、SSWの活動は、児童生徒という個人だけでなく、児童生徒の置かれた環境にも働き掛け児童生徒一人一人のQOL（生活の質）の向上とそれを可能とする学校・地域をつくるという特徴がある。

　ここに書かれているソーシャルワークの「価値」とは、ソーシャルワークの専門性を発揮する際に大切にする事柄のことで、人権、無差別・平等、自己決定の尊重、プライバシーの尊重などを指す。

（4）　配置形態

　SSWerの人数は増加傾向にある。令和元年度に、「予算ベース[6]」で1万人、全国各中学校区に1人以上のSSWerを配置するという目標が達せられた。とはいえ、実人数はそれよりはるかに少ない。また、自治体によって雇用形態も人数も様々だ。例えば福岡市には小学校が144校、中学校が69校あり、令和3年度に雇用されていたSSWerは71名、その内8名が正規職員、63名が週4日勤務だった。だが、小学校が50校、中学校が22校ある東京都某区に雇用されていたSSWerは、令和3年現在6名（各々16日以

内／月の勤務）であった。

　少ない人的資源を有効活用するために、各自治体はSSWerの配置形態を工夫している。一般的な配置形態は、「派遣型」「配置型」「拠点校配置型」「巡回型」などで、そのバリエーションがいくつもある。また、同一自治体の中でも、小中学校と高等学校や特別支援学校で異なる配置形態をとっている場合がある。

派遣型：SSWerを教育委員会に配置し、学校からの要請に応じて派遣する。
配置型：特定の学校にSSWerを配置する。
拠点校配置型：SSWerを拠点校に配置し、近隣校を巡回する。
巡回型：SSWerを教育委員会に配置し、複数校を定期的に巡回する。

　それぞれの配置形態にはメリットとデメリットがある。派遣型の場合、自治体内のどの学校も公平にSSWerを活用する機会を得られる。しかし、1人のSSWerがいくつもの学校を担当する場合が多く、1つの学校・1つのケースに費やす時間は限定的で、SSWerは、教員や保護者、児童生徒との関係構築や課題の把握を十分にできないままに支援を行わざるを得ない場合もある。また、児童生徒や保護者に対する直接支援よりも、教員とのコンサルテーションやケース会議への参加、校内支援体制づくりへの助言など、間接的な支援が中心となる傾向にある。加えて、多くの学校は、学校内で対応しかねる状態になってからSSWerに支援を要請するため、困難事案への対応が多く、予防的介入がしにくい。さらに学校から要請がなければその学校の児童生徒にSSWerが関わることができない点も、派遣型のデメリットである。派遣型を採用している自治体では、SSWerをよく活用する学校と、活用しない学校の差が生じる。学校がSSWerの利用にどれだけ積極的かによって、児童生徒がSSWerの支援を得られるかどうかに違いが生じてしまうのである。

　一方、配置型の場合、その学校を担当するSSWerは勤務日には常にその学校にいるため、SSWerは日ごろから児童生徒の様子を見たり、教職員と話を交わしたりすることができ、相対的に、関係構築や課題の把握もしやすい。しかし、少ない人数のSSWerを配置型で雇用した場合、SSWer

を活用できる学校とできない学校とが生じるため、公平性に欠けるというデメリットがある。SSWerを「モデル校」に配置し、数年単位で「モデル校」を変えていく、あるいはSSWerを増員して「モデル校」を増やしていくなどの措置が必要となるであろう。また、特定の学校に配置されていると、SSWerは担当している学校になじみやすい半面、学校の状態を俯瞰して見ることが難しくなる。加えて、学校内にSSWerは1人のため、自治体内の他のSSWerと情報交換をしたり、スーパービジョンを受ける機会を確保したりしなければ、仕事に行き詰ってしまう危険性もある。

　拠点校配置型、巡回型は、派遣型、配置型それぞれの持つデメリットを緩和する中間的な形態である。拠点校配置型をとった場合、SSWerは通常、勤務日には拠点に定められた学校に勤務する。その点は配置型に似ているが、異なる点は、拠点校以外にも複数の学校を担当し、巡回または要請に応じて訪問する点である。1つの中学校を拠点とし、その中学校へ進学してくる児童が通う複数の小学校に巡回する場合、小中連携がしやすい。小学校在籍時の課題を中学校に伝え、中学校での早期支援開始へと結びつけることができる。小学校の時と同じSSWerに担当してもらえるのは生徒や保護者にとっても安心であろう。ただし、拠点校配置型でも、SSWerの勤務時間数が少なければ、拠点校以外の児童生徒への対応は限定的となり、派遣型同様学校によって支援の濃淡が生じる。

　巡回型のメリットは、学校が自ら支援要請をせずともSSWerが学校にアプローチできる点である。巡回型であれば、SSWerが学校を訪問した際に気になった児童生徒について教員に尋ねることもできるし、校内委員会に出席して、状況改善のための助言をすることもできる。ただし巡回の頻度が少なかったり、決まった日にしか訪問できない場合、学校にとっては「来てほしい時に来てもらえない」状況が生じるかもしれない。

3　スクールソーシャルワーカーの役割と援助プロセス
（1）　役割

　文部科学省から示されたSSWerの職務内容は2（1）で記述したとおりだが、"ソーシャルワークの視点"からSSWerの役割についての説明を加

えたい。ソーシャルワーカーは、人の生活上の困難や課題は「人と環境との交互作用で生じる」ととらえる。環境が個人の特性（例：発達段階、体質、身体的な健康状態、行動特性、価値観など）と影響しあい、その結果課題が生じているのであれば、課題を解決するためには個人と環境との関係性を改善する必要があると考える。

　それゆえソーシャルワーカーは"個人と環境との関係性"を見ながら、生じている困難の背景と、現在生じている状況の全体像を把握することに努める。支援を行う際には個人へのアプローチだけではなく、組織への働きかけや、地域への働きかけも行う。つまり、生徒やその家族への直接的働きかけだけではなく、校内支援体制強化のための学校への働きかけや、地域での支援ネットワーク構築のため、関係機関への働きかけも行う。

　ソーシャルワーカーの大切な役割は、生活上の困難を抱えている本人やその家族に代わって問題を解決してあげることではなく、彼ら彼女らが、自ら対処する力を発揮したり、その力を高めたりできるようにサポートすることである。ソーシャルワーカーの仲介により、助けてくれる人や相談できる相手、組織等を周りにつくることができ、自分の意向を伝えることも可能となる。そうすれば、困難に対処し、良好な状態へと向かっていける可能性が高まる。

　そうしたSSWerの役割を、筆者は「つなぐ」「調整する」「構築する」「代弁する」の４つの語で説明することが多い。

　SSWerの役割としてよく知られているのは、「社会資源とつなぐ」ことだろう。社会資源とは使えるサービスや支援する人などのことを指す。例えば、経済的支援には生活保護や就学援助、児童扶養手当、特別児童扶養手当、母子及び父子並びに寡婦福祉資金貸付、生活福祉資金貸付など様々あるが、それぞれ対象も条件も申請窓口も異なり、それらをうまく使いこなすのは専門家の助けがないと難しい。SSWerが家族をそうした「社会資源とつなぐ」役割を担うことで、その家族は社会資源を活用し、経済的困難を軽減・解消させ、家庭生活を維持させることが可能になるのである。

　しかし「つなぐ」だけでは不十分である。社会資源の「調整」や「構築」もSSWerの重要な役割だ。児童生徒や保護者を相談支援機関につないだ

ものの、本人あるいは家族が支援を受けることに前向きでない場合や、学校と支援機関との連携がうまくいっていない時などには、SSWerが間に入って関係調整を行う。

　また、地域に活用できる資源がない場合には、「社会資源の構築」にも携わる。例えば、不登校の子どもの日中の居場所を確保するために、公民館と掛け合うこともあるだろう。社会資源（機関）と社会資源（機関）とがつながりネットワークを形成、チームとして機能できるようにサポートすること（チーム支援体制の構築）も、SSWerの役割である。

　さらに、子どもや保護者の「代弁」をすることも重要な役割だ。自分の思いを教員に伝えられない、子どものことで不安があるが学校にうまく説明できないということもある。また、学校が「保護者からの理不尽な要求への対応に苦慮している」という時、SSWerはその要求の裏にある保護者の思いの理解に努め、より建設的なコミュニケーションができるように、保護者の代弁をしたり、教師の意向を保護者が理解できるように説明し直したりすることもある。

（2）　援助プロセス

　通常SSWerは、学校から要請を受けて支援を開始する。派遣型の体制をとっている自治体であれば、学校から教育委員会のSSWerのいる部署に連絡が入り、それがSSWerに伝えられる。最初に受け取る情報は、「○○小学校○年生の女児、長期欠席で、担任は半年以上本人に会えていない」といった、短いものかもしれない。したがって、SSWerは学校へ訪問して詳しい情報を得ることから仕事を始める。この時、担任や校長からだけでなく、可能であれば養護教諭やスクールカウンセラーなど、対象児と関わりのある複数の人たちからも情報を収集する。また、状況が許せば、子ども本人や保護者とも会い、本人や保護者の意向を確認することが大切だ。

　情報を集めたら、整理し、状況の見立て（アセスメント）を行う。このプロセスは、SSWerが単独で行うのではなく、ケース会議を開催し、関係者や当事者と一緒に行うことが望ましい。

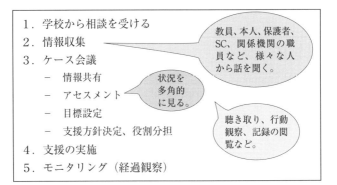

多角的・包括的アセスメントの重要性

　状況の見立てをする際は、多角的・包括的な視点をもって、背景に何があるかを様々な角度から考えてみることが重要である。そうするためには2 (1) で説明した生態学的（エコロジカル）視点が必要だ。つまり、個人の特性だけではなく、家族全体を視野に入れて、環境としての家族がどのように子どもに影響を与えているのか、また、学校がどんな状況にあり、支援体制や教員間の関係はどうなっているのか、地域の治安や、住民同士の関係はどうなっているのかなどを確認することが必要である。

```
　　　状況を多角的・包括的にアセスメントするとは？
　　　　　　　　－不登校を例に－

不登校の背景に何があるのか？
・　子ども本人
・　家庭（保護者・きょうだい）
　　　－保護者の健康、就労、夫婦関係、実家との関係、地域とのつながり、
　　　　養育能力など。きょうだいとの関係、きょうだいの登校状況
・　友人関係
・　教員との関係　　　　　　　　　　　本人や家族の
・　カリキュラム・学校制度　　　　　　『強み』の確認
・　学校の支援体制　　　　　　　　　　も忘れずに。
・　地域の支援体制
```

以下に、5つの不登校案件を提示する。

【事例1　小4男児】

●「みんなが自分と遊んでくれない。学校に行くのは嫌だ」と言う。

●本児は発達障害で、他者との疎通性に困難あり。

●学校と保護者が対立関係にある。

●「保護者は子どもの発達障害を受け入れられない」…と学校は主張。

●「保護者は『うちの子をきちんと見てくれない』と度々苦情を言いに来る」
　…と学校は主張。

●教員としては、本児を特別支援学級に移動させたい。

【事例2　小2男児】

●1年のころから欠席がちだった。

●母子家庭で生活保護世帯。

●母は養育能力に欠ける。ネグレクト傾向。

●自宅はコンビニ弁当の食べあとが散乱。ゴミ屋敷状態。

●小5の姉は1年以上完全に不登校状態。自宅でコンピューターゲームをして
　過ごしている。

【事例3　小3男児・小6女児のきょうだい】

●在日外国人家庭。両親とも日本語の読み書きは十分にできない。

●外国人学校に入れる経済的余裕なし。

●両親とも夜遅くまで就労。

●きょうだいとも学校で勉強についていけない。

●友達ができない、いじめられた、阻害されたと感じている。

●日本語指導・通訳などが学校で提供されていない。

●保護者は、子どもが嫌なら無理して学校に行く必要はないと考えている。

【事例4　中2女子】

●家出、夜間はいかい等の非行傾向あり。

●化粧、ピアス等、校則違反が常習化。

●教員と対立、クラスでは孤立。

●両親共働き、教育熱心。成績が悪いと言葉の暴力、外出禁止などあり。

●親への反発あり。

●繁華街での性被害・売春の懸念あり。

●自己肯定感の低さ、不安、自暴自棄。

【事例5　中2女子】

●母子家庭。小4時より、母親がうつ病、自殺企図あり。

●家事全般を担っている。

●学校を休んで母の受診につきそう。

●母の状態が心配で、家を離れられない。

●頻繁に遅刻・欠席をしている。学年が上がるにつれ欠席が増えている。

●小学校のころから学習に遅れ。成績は下位10％。

●担任は家の事情を知らない。「おとなしい子」の印象。

　一口に不登校といっても、状況は様々であることが分かるだろう。事例1や事例2では、担任が保護者を「厄介な」「困った」保護者だと思っているかもしれないし、事例4の少女は「指導」の対象として対応されがちだ。また、児童生徒や保護者は、自分からは助けを求めてこないかもしれない。しかし、しっかりと不登校の背景や、児童生徒及びその家族の置かれている状況を見ていくと、どの事案の児童生徒もその保護者も、「困っている」し、児童生徒の安全を守り、学習権を保障するために「支援」が必要だということがわかる。また、不登校の背景や、児童生徒及びその家族が置かれた状況が違うのだから、事例ごとに必要な支援の方法や内容も異なるということが分かるだろう。

　加えて、児童生徒もその家族も、課題を抱えているだけではなく、「強み」も持っている。その強みを見出し、活かすことも重要である。人々の

持つ「強み」に焦点を当て（ストレングス視点）、その人が持っている力を発揮できるように援助（エンパワメント）することは、ソーシャルワーカーに求められる専門的力量である。ゆえにSSWerは、支援計画を立てる際に、できるだけその児童生徒や家族の持つ「強み」を活かした支援方法を考えるようにする。

ケース会議と校内支援チーム体制の構築

　ケース会議は、個別の対応が必要な対象者について、関係者が情報交換をするとともに、今後の支援方針を決めていく会議である。有効に活用することでチームアプローチが可能となる。2008年に文部科学省SSWer活用事業が始まった際、「学校内におけるチーム体制の構築支援はSSWerの活動の一部」であり、「チーム体制構築支援の手段としてケース会議を活用することが重要である」と述べられた[7]。ケース会議は校内チーム支援体制構築の要であると言えよう。

　学校内でケース会議を行う際は、担任、学年主任、管理職、養護教諭、特別支援教育コーディネーター、スクールカウンセラー、SSWerなど、対象児童生徒とかかわりのある教職員や支援者が集まり、話し合う。会議中、SSWerは、ソーシャルワーカーとしての視点から、助言や社会資源についての情報提供等を行う。会議の司会（ファシリテーター）を務めることもある。支援はできるだけ皆で役割分担をし、担任など特定の人だけに負担がかからないようにする。

　支援が開始されたら、一定期間ののち、その進み具合や状況の変化等を確認（モニタリング）する。必要に応じて再度会議を開催したり、アセスメントのし直しを繰り返したりしながら、課題解決へ向けて取り組む。

　その過程において、SSWerは、先に挙げた「つなぐ」「調整する」「構築する」「代弁する」機能を果たしながら、子どもの権利保障と発達支援を行うのである。

4　地域連携と支援のネットワーク化

　SSWerは、学校教職員だけでなく、地域の様々な組織や人々とも連携し、

子どもとその家族の支援を行っている。ある年、某市のSSWerが訪問した関係機関の一部を紹介しよう。

適応指導教室	市役所障害福祉課	小児病院
教育相談所	放課後児童クラブ	児童発達支援センター
教育委員会学務課	社会福祉協議会	国際交流協会
家庭児童相談室	警察署生活安全課	法テラス
市役所子育て支援課	シルバー人材センター	法務局
市役所地域福祉課	外科医院	子ども食堂

　公的機関や民間団体、児童、障害、高齢、司法など様々な領域の組織や人々とつながっていることがわかるだろう。中でも、保護者の養育能力に課題があるなど、家族全体に対する支援を要するケースについては、自治体の子ども家庭福祉を担当する部署（家庭児童相談室）との連携が不可欠である。また、その際に「要保護児童対策地域協議会」の果たす役割が大きい。

要保護児童対策地域協議会（要対協）
　2004年の児童福祉法改正以降、市町村が児童家庭相談の一義的な窓口となり、虐待通告先と位置づけられている。要保護児童対策地域協議会（要対協）は、児童虐待等で保護を要する児童、支援が必要とされる児童や保護者に対し、複数の機関で援助を行うための法定化されたサポートネットワークであり、ほぼすべての市町村に設置されている。要対協では、スムーズな機関連携のための情報共有と、各機関の役割分担による支援を行う。
　要対協の構成員は、要対協で知り得た情報を漏らしてはならず、その守秘義務のなかで、情報共有がなされる。また、要対協は必要に応じて、要対協に構成されていない機関等に対しても、資料または情報の提供、意見の開陳その他必要な協力を求めることができるとされている。それゆえ、要対協を活用することには、以下のようなメリットがある[8]。
①要保護児童等の早期発見
②各関係機関等の連携による情報の共有化

③各関係機関等の間での役割分担について共通理解が促される

　要対協は、代表者会議、実務者会議、ケース検討会議の３層構造となっている。SSWerが出席するのは、多くの場合ケース検討会議であるが、SSWerが実務者会議に出席する自治体もある。実務者会議では、要対協で扱っているケースの総合的な把握とともに、児童虐待防止対策の課題などが話し合われるため、これに出席することで、自治体の取り組みの大枠を把握することができる。SSWerは、学校から支援要請を受けた児童生徒について、自治体の子ども家庭福祉部局（家庭児童相談室等）やその他複数の機関の協力を得て支援していくことが必要と判断した際には、要対協の調整機関（家庭児童相談室等）に連絡をし、要対協のケースとして扱ってもらえるように依頼する。要対協のケースとして受理された際には、SSWerも要対協のケース検討会議に出席し、関係機関・団体等と情報交換をする。

　以上述べてきたように、SSWerは、教職員らと連携し学校内でのチーム支援システム構築に助力し、また、地域の様々な団体や人々とも連携しながら児童生徒やその家族の支援を行っている。

注
１）文部科学省（2008）「スクールソーシャルワーカー活用事業」（https://www.mext.go.jp/b_menu/shingi/chousa/shotou/046/shiryo/attach/1376332.htm 2022/11/30最終閲覧）
２）文部科学省（2016）「スクールソーシャルワーカー活用事業実施要綱」
３）例外的に、福祉事務所など別の部署に所属している自治体もある。
４）厚生労働省（2018）第13回社会保障審議会社会福祉部会福祉人材確保専門委員会参考資料『社会福祉士の現状等』（https://www.mhlw.go.jp/file/05-Shingikai-12601000-Seisakutoukatsukan-Sanjikanshitsu_Shakaihoshoutantou/0000194332.pdf 2022/11/30最終閲覧）
５）馬場幸子（2020）『スクールソーシャルワーク実践スタンダード−実践の質を保証するためのガイドライン−』明石書店.
６）SSWerが１人１日３時間勤務の計算。

7 ）鵜飼孝導(2008)「スクールソーシャルワーカーの導入〜教育と福祉の円形の必要性」参議院事務局企画調整室編『立法と調査』279　pp.59-68.

8 ）奈良県市町村用母語児童対策地域協議会実務マニュアルより

付記

　本章は、朝倉隆司監修、竹鼻ゆかり・馬場幸子編著（2019）『教師のためのスクールソーシャルワーカー入門 − 連携・協働のために』（大修館書店）　の馬場幸子執筆箇所と、一部重なっていることを断っておきます。

第3章 スクールソーシャルワーカーを生かす学校と学校経営

葛西　耕介

はじめに

　今日、学力観の変化に伴い、そうした学力を保障するための授業や教師像、そして、そうした授業や教師を支える学校の組織としての在り方、さらに管理職の在り方が大きく変わりつつある。すなわち、学力観は、予め決まっている「唯一解」への到達の迅速性や知識の獲得量の競争から、共同的（協働的）で探究的な学びへと変化し、それに伴い、教師は、"教える専門家"から"学びの専門家"に変わりつつある。学校組織は、教師を中心とするピラミッド型組織から多職種からなる「チーム学校」型組織へと変化が進んでいる。そして、こうした変化の必要性を自覚し、そうした学力観、授業像、学校組織へとリードできるかどうかは、校長をはじめとする学校管理職のリーダーシップの在り方にかかっている。2020年初頭に始まるコロナ禍は、こうした変化のスピードアップを迫っている。

　本章は、福祉職であるスクールソーシャルワーカー（以下、SSWerとする）の参入にみられる学校組織の変化をその背景も含めてより広くとらえることで、学校経営学の視点から現在の学校の課題を、SSWerのみならずSSWerとともに働く教職員や校長等学校管理職に提示しようとするものである。以下では、まず、近年の教育政策文書に触れつつ、学校を取り巻く経済社会の変化と、それに伴う学力観、学校像の変化を概観する（第1節）。そのうえで、それに伴い、学校組織は「チーム学校」という在り方へと、また教師像は専門職としての教師へと変化しつつあることをみる（第2節）。そして、こうした学力観、学校像、学校組織の変化を促すためにキーとなる学校経営と学校管理職の在り方について明らかにする（第3節）。

1．変わる学力観・学校像──「個別最適な学び」と「協働的な学び」？

　振り返れば、近代国家づくりが急がれ学制を開始した明治期においては、その担い手たる国民の形成と労働者の育成が学校教育に求められた。また、戦後の民主的な国家づくりや経済復興を支えたのも学校教育であった。これらの時代における日本の学校教育は、国民に高水準で均質的な学力を遍く獲得させたという意味では、大きな成功を収めたと言ってよかろう。

　もっとも、今日では、当時とは経済社会の在り方が異なっている。そのため、かつての成功体験に囚われ従来の学力観・学校像のまま学校教育を行えば、今日の経済社会が諸個人に求める力とは大きな齟齬をきたし、その結果、子どもたちに「職」を保障することが難しくなるであろう。

　すなわち、かつての経済社会は、追いつき型近代化の下での重厚長大なモノづくり、規格品の大量生産で成り立っていた。「唯一解」が「上」から示され、指示されたことを守り正確に従う労働者が求められた。そのため、学校でも「唯一解」を前提に迅速・正確にそこに到達する“ジグソーパズル型学力”の養成が行われ、均質性・集団性・協調性が重視され「出る杭は打たれ」た。一斉授業スタイルのプログラム型学習が行われ、教室では生徒が整然と前を向き、私語が禁止されたのである。

　ところが、高度経済成長期から成熟期への移行に伴い、1980年代以降、研究開発産業や知識産業、ファッション・デザイン産業など、価値創造的で高度な専門知識を必要とする知識集約型産業からなる経済社会へと変化してきた。それに伴い学力観も大きく転換してきた。低成長の下では多品種小生産となり、商品には他とは異なるアイディア、デザイン、機能、サービスが重視され、したがって、情報を創造・加工・表現・カスタマイズ（個人化・差異化）する労働力が求められる。そうしたアイディアや情報の創造のためには、専門分野、経験、性別、年齢、国籍などが多様な人からなるチームで、多様な視点や気づきを提供しあいながら仕事を遂行する必要があるのである。他方で、比較的単純で反復的な労働は、国内から減少していく。というのも、そうした労働は賃金が安価であり指示に忠実に従う労働者からなる発展途上国の労働や機械（ICT、AI）へと置き換えが進んでいるからである。また、福祉を始めとする対人的感情労働や飲食店など

　"おもてなし産業" においてさえ、外国人労働者や機械への置き換えが進む。近い将来、数百の職業はなくなり、将来においても人間が担うのは創造性、協調性が必要な業務や、非定型な業務だと予測されている[1]。

　こうした経済社会の変化によって、学力観も転換する。「唯一解」を前提とする "ジグソーパズル型学力" から、未解決の問題に対して「最適解」を導き出す "レゴ型学力" への転換である。そこでは、迅速で正確な暗記・吐き出しではなく、他者とは異なる気づきが求められ、能動性、創造性、交渉力などの非認知的な能力の意義が高まる。また、必要な知識やスキルが不断に刷新される経済社会では、既存の知識の獲得以上に、知識獲得の方法や学び続ける力に焦点があてられる。そのため、授業は、教科横断的でプロジェクト型の学習（たとえば、総合学習、社会的課題解決学習、卒業制作）となり、「主要5教科」よりも音楽・美術・体育のような非認知能力を開発する時間が重要となる。生徒指導の在り方も、従来の「はみ出し者をゼロにする」それから、「多様性を害する者をゼロにする」それへと変わってきている。先進国からなる経済開発協力機構（OECD）が国際学力テスト（PISA）によって促進し誘導しているのも、そうした先進国の経済社会の担い手となる「学力」（コンピテンシー）であるし、最近の学習指導要領で「主体的・対話的で深い学び」や「アクティブラーニング」が言われるのもこうした事情からである。こうしたマインドとスキルを有していなければ、子どもたちはディーセントな職にありつけないのである[2]。

　こうした経済社会の変化の下で、政府は、具体的にどのような学校教育を進めようとしているのであろうか。2021年に出された、最新の中央教育審議会答申である「『令和の日本型学校教育』の構築を目指して〜全ての子供たちの可能性を引き出す、個別最適な学びと、協働的な学びの実現〜」から概観してみよう。

　答申は、社会の在り方が劇的に変わる「Society5.0時代」[3] の到来を言い、また新型コロナウイルスの感染拡大など先行き不透明な「予測困難な時代」であることを指摘する。そして、一人一人の児童生徒があらゆる他者を価値のある存在として尊重し、多様な人々と協働しながら様々な社会的変化を乗り越え、持続可能な社会の創り手となることができるようにすること

が必要だ、とする。そのうえで、2020年代を通じて実現すべき「令和の日本型学校教育」の姿として、①「個別最適な学び」と、②「協働的な学び」を提言している。

　この①「個別最適な学び」とは、すでに新学習指導要領で言われている「個に応じた指導」の充実のほか、GIGAスクール構想（たとえば、2021年度に前倒して完了した小中学校の児童生徒 1 人につき 1 台のタブレットの配付）の実現によるICT環境の活用、少人数によるきめ細かな指導体制の整備である。また、「主体的・対話的で深い学び」を実現し、学びの動機づけに向けた効果的な取り組みや、個々の家庭の経済事情等に左右されないことに配慮を促す。

　他方、②「協働的な学び」については、①「個別最適な学び」が「孤立した学び」に陥らないよう、探究的な学習や体験活動等を通じ、子ども同士で、あるいは多様な他者と協働しながら、他者を価値ある存在として尊重し、必要な資質・能力を育成する学びだとする。また、集団の中で個が埋没してしまうことのないよう、一人一人のよい点や可能性を生かすことで、異なる考え方が組み合わさり、よりよい学びが生み出されると言う。そして、異学年間の学びや、ICTの活用による空間的・時間的制約を超えた他の学校の子ども等との学び合いも大切だとする。

　答申は、さらに、一斉授業か個別学習か、履修主義か修得主義か、デジタルかアナログか、遠隔・オンラインか対面・オフラインかといった「二項対立」の陥穽に陥らず、教育の質の向上のために、発達の段階や学習場面等により、どちらのよさも適切に組み合わせて生かしていくと言う。こうした答申は、従来の日本の学校教育の考え方からすると大きく踏み込み、価値観を転換するものとなっていると言えよう。

2．変わる学校組織と教師像
（1）　ピラミッド型組織から「チーム学校」へ

　このように学力観・学校像の変化に伴い、それを遂行する学校組織の在り方も変化してきた。それが現在広がりつつある「チーム学校」である。従来、日本の学校は、教職員のうちの教師の割合は80%程度とされ、アメ

リカやイギリスが50%程度であるのと比べると教師中心の組織であった。このことは、日本の教師の仕事が授業のみならず生活指導、部活指導、種々の分掌、事務仕事にまで広がっていることと対応している。それに対して、「チーム学校」は、教師のみならず、また、養護教諭、栄養教諭、司書教諭といった教職だけでもなく、多様な職種・専門スタッフが学校に参画する体制である。すなわち、学校事務職員の位置づけが高められるととともに(学校教育法37条14項)、医療的ケア看護職員、スクールカウンセラー(以下、SCとする)、SSWer、情報通信技術支援員、特別支援教育支援員、教員業務支援員、部活動指導員が職として規定され(同法施行規則65条の2から7、78条の2)、そのほかにも、言語聴覚士などの技師、就職支援コーディネーターなどが学校現場で増加しつつある。こうして学校組織は、従来の教師中心で同質的な者で構成される指示伝達型のピラミッド型組織から、多職種からなり多様な視点を提供し合う「チーム学校」へと変わりつつあるのである。「唯一解」の伝達ではなく「最適解」の探求には、こうした組織が適している。

　着目すべきことは、こうした「チーム学校」政策の目的は、教師の多忙化解消・働き方改革ではなく、より積極的に、教育課程そのものの革新、従来の学校の在り方の革新にあることである。すなわち、「チーム学校」を提案した中央教育審議会答申「チームとしての学校の在り方と今後の改善方策について」(2015年)は、「学校において子供が成長していく上で、教員に加えて、多様な価値観や経験を持った大人と接したり、議論したりすることで、より厚みのある経験を積むことができ、本当の意味での『生きる力』を定着させることにつながる。そのために、『チームとしての学校』が求められている」とするのである[4]。

　学校組織の在り方についての「チーム学校」政策は、「社会に開かれた教育課程」や「コミュニティ・スクール」を言う政策とも一体となっている。この「社会に開かれた教育課程」とは、学校に社会と連携・協働した教育活動の充実を求めるものであり、教師・教職員だけで教育課程を編成したり実施したりするのではなく、社会と乖離せず社会で求められていることに学校が応答すべく、教育課程の編成や実施を保護者や地域住民とと

もに実施していこうとするものである。そして、そのための仕掛けが、学校運営協議会（コミュニティ・スクール）である。そこでは保護者や地域住民が会議体の構成員となり、学校の基本的な方針の承認のほか学校運営全般ついて議論し、学校経営を校長だけではなく関係者の知恵と資源を生かして行おうとするのである[5]。

　こうした、「社会に開かれた教育課程」や「コミュニティ・スクール」によっても従来の教育観・学校像は問い直される。すなわち、従来、授業は教師中心に、そして「教える」ことを中心に行われてきた。「唯一解」が用意されており、それは教師の中に、あるいは教科書の中にあった。それに対して、たとえば、地元の企業、大学、NPO、住民らが授業を行ったり教材や学ぶ場を提供したりすることによって、学校での正解や考え方がいかに狭く限定されたものであるかが示される。また、学校の「常識」を共有しない「外部」の者の参入は、学校の「当たり前」や価値観を相対化するであろう。たとえば、一般市民社会では許されるはずのない体罰、今や社会が求める人物像・生活スタイルとは乖離している校則、「気を付け、礼」の儀式、「黙って座っていられることが大事」という価値観、「答えは 1 つ」「隣の人に答えを聞いてはいけない」という真理観である。

　こうして、学力観・学校像の変化に伴い、また、学校内と学校外とをつなぐ「社会に開かれた教育課程」や「コミュニティ・スクール」と合わさって、学校組織の在り方としての「チーム学校」が導入、定着しつつあるのである。

（2）「チーム学校」によって変わる教師像

　こうした「チーム学校」の下では、従来の教師像も問い直されることになる。新たな職種が学校に参入することの意義は、この点にあるとさえ言える。

　すなわち、SSWer を始めとした多様な職種の学校への参入、多様な職種からなる学校組織への転換は、従来の教師の在り方やアイデンティティを問うものであり、場合によっては、教師と SSWer らの間に葛藤をも生むであろう。というのも、従来の日本の教師像は、学校で起きる多様なこ

とや子どもの人格の諸側面のうちある特定の一部にその仕事を限定するスペシャリストというよりも、そのほとんどすべてを丸抱えするジェネラリストであった。教師の仕事は知育・体育のみならず徳育を含み、教科教育のみならず生活指導を含み、職としての児童生徒との関係のみならず個人としての子どもとの人間的関係を含んできた。清掃指導、給食指導、部活指導などを基本的に担わない諸外国の教師と比較すれば、日本の教師像は独特である[6]。

　ところが、SC、SSWer、教員業務支援員、部活指導員らが参入してきた場合、こうした伝統的な教師の在り方が問われることになる。すなわち、教師は、学校で起きることの何について、あるいは子どもの人格の諸側面のうちのどの部分についての職であるのかが問われる[7]。どのような専門職なのかが問われ、教師は、これまでとは異なり、「人」としてよりも「職」としての評価にさらされることになる（採用、上進、懲戒の際に、また同僚や保護者からの評価で）。

　この点について立ち入って言えば、たとえばSSWerは他の新興専門職同様、既存の職業（たとえば、教師、SC、養護教諭、支援スタッフ）に対して自己の専門性を主張し、職域を確保しようとする。そのために、自身の職域を狭く絞り、職能を支える理論を持ち、職としての力量を標準化するための技術（たとえば、アセスメント手法）の開拓を試みるであろう。また、上級の学位を取得するであろうし、専門職団体を組織し、職業的アイデンティティを規定する倫理綱領を持ち、資格基準を策定し、資格の認定、固有の研修を行うであろう。

　こうしたことが、従来の日本の教師の在り方を根底から揺さぶるものとなる。すなわち、教師の固有の職域は一体どこにあるのか、教師は本当に大衆が有していない高度の知識と技術を有しているのか、それを支える理論を獲得しようと努力しているのか、その力量をエビデンスとともに示せるのか、そのためには学士号で十分なのか、専門性を維持・向上させるための職能集団的仕組みを有しているのか、以上、要するに、教師は果たして専門職であるのかについて、教師に対して鋭利な問いが突き付けられるのである。

　さらに言えば、こうした専門職性に関わる形式的なことのみならず、教師の専門性に関わる実質的なこと、すなわち、指導方法、指導内容、倫理の内容も問われることになる。慣例に大きく依存する教師の“常識”には学術的根拠があるのか、その指導が本当に功を奏しているのかについて、他職種の多様な“専門的”視点から問われることになる。この点、先の答申「『令和の日本型学校教育』の構築を目指して」は、Society5.0時代における教師及び教職員組織の在り方について、多様な知識・経験を持つ人材との連携を強化し、そういった人材を取り込むことで、社会のニーズに対応しつつ、高い教育力を持つ組織となることが必要であるとする。そして、具体的には、社会教育士の活用による学校と地域が連携した魅力的な教育活動の企画・実施や、より短期の有効期間で柔軟に活用できる免許状の授与等により、多様な人材が参画できる柔軟な教職員組織の構築を提言する。こうした状況下では、“純粋培養型”の教師は、その専門性や存在意味を本格的に自問自答することが迫られている[8]。

3．変わる管理職像――「管理」する職から「経営」する職へ

　このように、学力観・学校像の変容、学校組織と教師像の変容に伴い、校長ら管理職像も変わってきている。そうした学力観、学校組織への革新をリードするためにも、管理職が自らを変えていくことが社会的に求められている。

　先の答申「『令和の日本型学校教育』の構築を目指して」は、「連携・分担による学校マネジメント」を実現するとして、概要、次のように言っている。すなわち、学校内外との関係で「連携と分担」による学校マネジメントを実現すること。また、外部人材や専門スタッフ等、多様な人材が指導に携わることのできる学校を実現すること。そして、学校が家庭や地域社会と連携し、社会とつながる協働的な学びの実現、である。この点を本章なりにかみ砕いてみよう。

　従来の日本の校長等学校管理職は、経営者・リーダーというよりも、管理者・マネジャーであった。「上」で決まった「唯一解」を、正確・迅速に「現場」に伝達していく。そこでは、ピラミッド型組織がふさわしく、維持、

統制、ホウレンソウ、「答え」を「教える」ことが合理的だったのである。それは、確かに、安定した経済成長期で、その継続がかなめであり「唯一解」を求める時代の組織においては、そのパフォーマンスを最大化するのに適していた。

　それに対して、学校によって異なる「最適解」を求める時代には、「唯一解」があるわけでも、それを誰かが伝達してくれるわけでもない。また、「唯一解」の時代のように量的に測定・比較可能な「学力」だけを追求するのでは不十分である。学校教育目標も含め、学校によって異なる条件（教職員という人的資源、地域資源、子どもたちの持っている興味関心、保護者の願い）から見出し、開発し、創造しなければならない。子どもの中に実現しようとする学力観（"レゴ型学力"）と相似形の能力が校長に求められるのである。したがってそこでは、ピラミッド型・上意下達型組織は適さず、むしろ、「チーム」を構成する諸個人の多様性を前提に、その個性の発露や、相互の気づきを促す組織が必要である。そして、校長は、統制よりも信頼を基礎として、「唯一解」を職員に「教える」のではなく、「最適解」の探求プロセスにおいて職員に問いかけ職員から「学ぶ」ことが大切になる[9]。前例の踏襲とは異なるこうした変革性・創造性は、経験だけでは獲得できず、専門的なリーダーシップ能力・マネジメント能力開発が必要となろう。

　「最適解」を探求する校内プロセスについて少し具体的に考えてみると、「チーム学校」では、SSWerと教師との間での職業倫理・専門職倫理が衝突し葛藤する場面が想定される。たとえば、不登校の子どもがいた場合に、教師は、学校は正しいことを教える場であり「学校復帰」「適応指導」を職の使命・職業倫理だと考えるかもしれない。それに対して、SCは「自分の気持ちが大事」と言うかもしれないし、SSWerは「家庭的背景を無視して考えることは許しがたい」と思うかもしれない。そしてまた、子ども自身にとっての「個別最適」はそれらとは別に存在しているかもしれない。こうした中で、経営者・リーダーとしての校長は、多様な職種の異なる職業倫理・価値観をむしろ引き出し、それに基づくアイディアの提出を促し、困難で新しいことに挑戦する組織文化を醸成し、組織としてのパフォーマンスを最大化させて創造的に「最適解」を探求するサーバントと

なるのである。もはや、管理者としての校長は機能し得ず、無用の長物となる。従来のやり方にこだわり新しい考え方ややり方に──一見もっともな、しかしよく考えてみると保身からくる──色々な理由を付けて拒むのであれば、職員からアイディアが出てくることはもうないであろうし、何よりもそのことが子どもたちの将来を奪うことに自覚的である必要があろう。

　校長のリーダーシップの在り方（管理職像）をこのようにとらえる場合、校長は教師出身である必然性はなく、教師経験者こそが優秀な校長であるというような関係も成立しない。たとえば、勤務時間管理１つをとっても、教師出身であることは、むしろ、慣例や思い込みに囚われない組織づくりや教職員の能力開発を阻害する恐れすらある。教師の「常識」「倫理」を共有していない者の方が、合理的な判断が可能になることも十分考えられるのである[10]。

　もっとも、こうした校長のリーダーシップは、校長の意識に頼るのみでは、自動的には実現しない。校長のリーダーシップを実現し、「最適解」の探求へと学力観が転換された学校を実現させる条件、そしてそうした校長の能力開発を行う条件は、どこにあるであろうか。思うに、それは、各学校現場への権限（カリキュラムはもちろん、それを実施するための予算、人事）の委譲である[11]。学校レベルで「最適解」を生み出す校長のリーダーシップは、学校レベルにヒト・モノ・カネ・情報についての一定程度の権限がなければ発動しない。それはコミュニティ・スクールが機能する条件としても同様である。校長が高くかつ感度のよいアンテナを張るようになるのは、そうした権限を有した場合であろう。

おわりに

　本章で述べてきたことをまとめると次の通りである。今日、経済社会の変化に伴い、「唯一解」ではなく「最適解」を探求する学力観や学校像へと変わってきた。また、それに伴って学校組織の在り方や教師像が変わっている。多様な職種からなる「チーム学校」やその一部としてのSSWerの学校への配置は、こうした背景とともに理解できる。「チーム学校」は、

従来の教師中心の学校とは異なる豊かな学校経験を提供することが期待されているとともに、教師自身に対しては、教師像、アイデンティティ、その専門性を問う契機ともなっていることに教師自身は自覚的である必要があろう。また、こうした状況を俯瞰的に理解し、「チーム学校」を機能させ、組織としてのパフォーマンスを最大化させるのが経営者ないしリーダーとしての校長等学校管理職である。その新しいリーダーシップの在り方は、子どもたちに求められている学力観とも相似形となっている。校長や管理職には、SSWerを始めとする学校内の多様な職種を生かす学校経営が求められている[12]。

注
1）たとえば、野村総合研究所（2015）「日本の労働人口の49％が人工知能やロボット等で代替可能に」（News Release、2015年12月2日）。
2）こうした経済社会の変化に伴う学力観・授業像の変化をつとに指摘するものとして、たとえば、佐藤学（2000）『「学び」から逃走する子どもたち』岩波書店、同（2012）『学校を改革する──学びの共同体の構想と実践』岩波書店。
3）日本経済団体連合会が提唱する把握の仕方であり、政府も採用するに至っている。それによれば、Society 5.0とは、狩猟社会（Society 1.0）、農耕社会（Society 2.0）、工業社会（Society 3.0）、情報社会（Society 4.0）に次ぐ社会で、サイバー（仮想）空間とフィジカル（現実）空間の融合を目指している。
4）この点、「チーム学校」は、生徒を一番知っており知っているべき教師そのものを財政的に増やせないという政治的背景や、多くの場合非常勤職員であるSC、SSWerとの連絡・調整は教師の多忙化に一層の拍車をかけるという問題が指摘されている。
5）社会の在り方が劇的に変わり未来予測が困難なとき、既存の知識の権威性が弱まり、知識そのものというよりもその獲得の仕方や学び方に目が（そ）向けられる。戦後初期に「はい回った」経験主義、学校と社会とのつながりを言うコミュニティ・スクールの唱導は、今日と重なっている。
6）日米の教師を比較する平易なものとして、臼井博（2009）「日本の教師文化の特徴」油布佐和子編『教師という仕事』日本図書センター。また、諸外国の教員組織や働き方については、藤原文雄編（2018）『世界の学校と教職員の働き方』学事出版が参考になる。
7）「チーム学校」政策における教師像の問題点を指摘するものとして、安藤知子（2016）「『チーム学校』政策論と学校の現実」『日本教師教育学会年報』25号。

8) 本章は教師の仕事がたやすく誰にでも務まると主張するものではなく、むしろその逆である。教師の仕事固有の難しさ、さらにその力量を証明・開発することの難しさについては、たとえば、久富善之（2017）『日本の教師、その12章』新日本出版社、99頁以下。

9) こうしたリーダーシップ論については、たとえば、Patrick Whitaker（1993）*Managing Change in Schools,* Open University Press、ウォーレン・ベニス（1992）『リーダーになる』新潮文庫。校長のリーダーシップ論を概観できるものとしては、たとえば、小島弘道・淵上克義・露口健司（2010）『スクールリーダーシップ』学文社。

10) 本章は教育職を経験していない「民間人校長」こそが理想的なリーダーシップを発揮すると主張するものではない。日本では校長に採用されるために固有の免許や上級学位の取得が要件とされていない点で、国際比較的にみて校長固有の専門性の開発が著しく遅れている。校長固有の専門性は、教師のそれとは内容も開発方法も異なることに注意を促したいという意図である。これらの点について詳しくは、拙稿（2021）「校長の養成および研修の今日的課題〜国際比較調査を踏まえて〜」『教育委員会月報』2021年 8 月号。

11) 文部科学省レベルでは、すでに1990年代の終わりにおいて、こうした自主的・自律的な地方教育行政、自主的な学校の必要性が指摘されている。中央教育審議会(1998)「今後の地方教育行政の在り方について」を参照。

12) 「チーム学校」に即した校長のリーダーシップ論については、拙稿（2020）「『チーム学校』を機能させるリーダーシップ論」（愛知県立大学生涯発達研究所主催　虐待防止・対応セミナー、2020年12月 4 日）（https://www.aichi-pu.ac.jp/academics/team_gakkou.pdf）でも論じた。

第2部
子どもの困難をとらえる
視点と対応方法

第1章　子どもの権利とインクルーシブ保育・教育

三山　岳

はじめに

　子どもは人権の主体であることを国際的な合意として認めた「児童の権利に関する条約」（以下「子どもの権利条約」）が1989年に国連で採択されてから30年以上が経過した。この条約の第23条にある障害のある子どもの権利は、2006年に成立した障害者の権利に関する条約（以下「障害者権利条約」）と相まって、各条約に1994年と2014年に批准した日本でも、インクルーシブ教育システムの構築をめざす特別支援教育が開始されるなど大きな影響を与えた。また、教育の領域だけでなく、保育の領域でも従来の統合保育から発展的にインクルーシブ保育として捉えることが増えた[1]

　ところが、子どもの権利条約にしても、障害者権利条約にしても、その認知度は3〜4割程度と未だに低いままである。それは一体なぜだろうか。本章ではこうした問いを背景にしつつ、子どもの権利が成立した歴史的展開を踏まえて、現在のインクルーシブ保育や教育について考えてみたい。

1．インクルーシブ保育・教育とは何か

　そもそも、インクルーシブ保育・教育とは何を指すのだろうか。インクルーシブ（inclusive）とは日本語で「包括的」「包摂的」「包容的」などと訳される形容詞である（名詞形：inclusion）。文部科学省は「障害者権利条約」の第24条にある "Inclusive education system" の条文に対し、「包括する教育制度」の訳語を充てている。しかし、この訳語自体、日本語として馴染みのないことばで、特別支援教育や内閣府の障害者白書においては「イ

ンクルーシブ教育システム」の訳語を用いている。このため、一般的には「インクルーシブ」という用語のまま使用されているのが現状であろう。

　"inclusive" の意味を理解するには日本語の訳語よりも、対義語である "exclusive" の意味を理解する方が分かりやすい。"exclusive" とは「排除」「除外」を意味する "exclusion" の形容詞形であり、「排他的」と訳されることが多い。このことから、"inclusive" はおおまかには対義語的に「排除されない」という意味になる。ただし、法律用語では「非排他的」と訳される "non-exclusive" という用語があることから、"inclusive" とは単に排除されないだけでなく、より積極的に包み込む、といった意味合いが含まれている。

　さて、先述の「インクルーシブ教育システム」について、文部科学省は特別支援教育の文脈において「障害のある者とない者が共に学ぶ仕組み」と説明したため、日本では障がいのある子どもに対する教育に関連する用語として認識されている[2]。ただ、国際的な視点からみれば、障がいに特化して限定する見方は一般的ではない。UNESCOは「人種や経済的条件、社会的地位、民族性、言語、宗教、ジェンダー、性的指向（sexual orientation)、および能力における多様性（diversity）に対して、拒否的態度を続けたり、反応しなかったりするような、排除（exclusion）を取り除く」ことがインクルーシブ教育の目的だと説明している[3]。なお、この「インクルーシブ教育」の対象には、ECEC（Early Childhood Education and Care)、あるいはECCE（Early Childhood Care and Education）と呼ばれる、幼児期の教育および保育（Care）も含み込まれている[4]。

　つまりインクルーシブな保育および教育の対象は、障がいのある子どもに限らず、障がいを含むあらゆる多様性を背景にもっている子どもであり、その目的は保育や教育において、そうした背景のある子どもに対するいかような排除も取り除くことであるといえる[5]。本章ではこのことを前提としながらも、日本では障がいのある子どもを中心に語られることが多い現状を踏まえて、論を進めたい。

２．海外における子どもの権利意識の歴史的展開

　18世紀後半イギリスで始まった産業革命は、次第に欧州各国へと伝播していった。19世紀のスウェーデンも例外ではなく、工業が近代化し、経済構造も急激な変化を遂げ、女性や子供からの労働搾取が横行していた。そのような状況のなか、思想家のエレン・ケイは母と子どもは保護されるべき対象であり、20世紀は子どもの世紀であると主張する『児童の世紀』を世に問うた。この本のなかでケイは、子どもを保護されるべき対象としたうえで、子どもは幸福な結婚で幸福に育てられることを要求する権利があるとし、子どもの人格を認め、人権の主体者であるという主張を行った。

　このケイの思想は、1924年に国際連盟で採択された「児童の権利に関するジュネーブ宣言」に繋がっていく。子どもの発達権について触れた最初の国際宣言であるこの宣言は、子どもの最善の利益、つまり「児童に対して最善のものを与えるべき義務」が人類にあることを明確にし、貧困や病気、知能の遅れなどの対応に加え、あらゆる種類の搾取から保護され、心身の発達を遂げるためにあらゆる手段を講じる責任があるとしている。ただし、この時点では子どもを権利の主体としてみるよりは、一般に不利な条件にある子どもに保護を保障しようとする性格が強かった[6]。

　だが第二次世界大戦によって1,300万人の児童が死亡したため、国際連合は1946年に「ジュネーブ宣言」の改定作業に着手した。ただ人類全体で基本的人権の尊重確保がより喫緊の課題だったことから、まず「世界人権宣言」が1948年に成立した。国連は苦労の末に合意がなったこの世界人権宣言が定着するまで時間を置き、1959年にようやく子どもを権利の主体として確認する「児童の権利に関する宣言」（児童権利宣言）を採択した[7]。

　児童権利宣言では「児童は、身体的および精神的に未熟である」ので、「特別にこれを守り、かつ世話する」ことが必要であるとしたうえで、この目標を達成するためとして、戦前の「ジュネーブ宣言」を引き継いで「人類の最善のものを与える義務がある」とし、子どもの最善の利益確保は人類の責任であると明確に規定された。ここに、子どもの生存のための保障を社会福祉の問題で解決しようとするのではなく、その保障は子どもの権利の問題、つまり人権の問題として解決されるべき問題であり、子どもは権

利を享有し、権利を行使する主体であるという認識が国際社会に広まったと言える[8]。

3. 子どもの権利条約と障がいのある子どもの権利

　1976年に国連は「児童権利宣言」から20年を機として1979年を「国際児童年」とし、子どもの権利保障の更なる促進をめざすことを総会で決議した。そして10年間の長い審議を経て、国連総会は1989年に全会一致でついに54条からなる「子どもの権利条約」を成立させた[9]。子どもは未成熟で大人に保護され、養育され、管理される対象という認識から、子どもも大人と同じ人間としての存在価値があり、人権の主体であるとしてその地位を保障しなくてはならないという認識への転換がなされたのである[10]。

　この条約の特徴は、第1に子どもを「権利の主体」として捉えていること、第2に子どもの権利の包括的な保障を求めていること、第3に親や家族（環境）を重視していること、第4に困難な状況下にある子どもの緊急かつ優先的な保護を求めていること、第5に権利保障のために締約国の報告義務など国際的な実施措置を規定していることの5つに整理される[11]

　全体の構成については、ユニセフが子ども自身にこの条約が理解できるように、締約国が負うべき義務を規定している条約の第1部（第1条から第41条）のうち、第41条を除く40条を整理し、「生きる権利」「育つ権利」「守られる権利」「参加する権利」があると4つに分類して説明している[12]。

　このユニセフによる分類とは別に、2005年に国連が示した、締約国が定期的な報告書を作成するためのガイドライン（CRC/C/58/Rev.3）では、条約の「一般原則」（general principles）として4つの重要な条が示されている。子どもの権利条約に挙げられるすべての権利を保障する際には、この一般原則を常に参照・遵守することが求められる[13]。その一般原則とは a) 差別の禁止（第2条）、b) 子どもの最善の利益（第3条）、c) 生命、生存および発達に対する権利（第6条）、d) 子どもの意見の尊重（第12条）の4つである。

　また、子どもの権利条約には、子どもは大人に保護（Protection）され、成長に必要なものを与えられて養育（Provision）され、子ども自身が社会

に参加（Participation）する「権利の行使主体」であるという3つのPが、条約を貫ぬく子ども観であり、この3つの子ども観とガイドラインによる4つの原則のなかで、特に第12条の子どもの意見の尊重（意見表明権）が結び目・核として特別の意義が与えられていることが指摘されている[14]。この点については、障害者権利条約でも最重要視されており、「私たちのことを私たち抜きで決めないで（nothing about us without us）」という同条約のスローガンとして掲げられたことからも、特に差別を受けやすい存在にとって第12条は重視される権利だと考えられる。

　なお、第23条には障がいのある子どもの権利が示されている。第1項では障がいのある子どもは尊厳と自立、そして社会への参加のもとに、十分かつ相応な生活を享受すべきと規定されている。この「参加」の概念は、誰もが社会から排除されないことを明確化したインクルージョンの原則と表裏の関係にあると指摘されている[15]。続く第2項では締約国は障がいのある子どもが特別のケア（special care）を受ける権利があると認めること、第3項では障がいのある子どもの特別なニーズ（special needs）を認め、そのニーズへの援助は可能な限り無償であるべきとし、子どもが可能な限り社会への統合（social integration）および個人の発達を達成するためでなくてはならないとする。そして第4項は、国際協力の精神により、障がいのある子どもの予防的な保健や、治療における情報交換の促進を国に義務づけている。この第23条は1975年の障害者の権利宣言、1982年の障害者に関する世界行動計画といった障がい者の権利保障の流れから、子どもの権利の視点で障がいのある子どもの権利を再確認したものである[16]。

4．インクルージョン概念の発展

　子どもの権利条約の採択から5年後の1994年、「万人のための教育」を推し進めてきたUNESCOは「特別なニーズ教育に関する世界会議」を開催し、「サラマンカ宣言および行動大綱」（ED-94/WS/18）を採択した。この宣言において、インクルージョンということばが初めて国際レベルで登場する。

　この宣言では、子どもたちの保育や教育を、医学的な障がいの程度で判

断するのでなく、子どもたちが必要とするニーズで把握する方向へという認識の転換が図られた。つまり、子どもの個別ニーズと教育的サポートがあるかどうかで、障がいのある子どもとない子どもが一緒に教育を受けるかどうかが決まるとされたのである[17]。また、サラマンカ宣言では障がいのある子どもに限らず、ギフテッドや浮浪児、労働下にある子ども、遊牧民や僻地の子ども、さまざまな民族、他の恵まれていない子どもを含めた「すべての子ども」がインクルーシブな教育の対象であるとされた。そして、『インクルーシブな学校の基本的な原則は、すべての子どもが、たとえどのような困難や差異を持っていようとも、可能な限り一緒に学習すべきであるということである』（行動大綱 I - 7）と示された。

　サラマンカ宣言後のインクルージョンの定義は、大別して 2 つの流れがみられた。ひとつは Gartner や Lipsky がアメリカで提唱した「フルインクルージョン」と呼ばれるもので、彼らはそれまでのアメリカが特殊教育と通常教育のシステムに分けていたことを強く批判し、重度の障がいを含めすべての障がいのある子どもが権利として通常学級で教育指導されるべきだと主張した[18]。

　もう一方は多くの移民労働者を抱えていたイギリスで発展したもので、インクルージョンを「終わりのない一連のプロセス」（unending set of processes）ととらえる[19]。インクルージョンは静的な何かの「状態」（state）や「結果」（event）ではなく、社会的な排除を減らす（reduce）ような教育方法の見直し（reconsideration）と再構築（restructuring）である、とする動的なプロセスである。これらの主張をした Booth や Sebba、Ainscow らは、インクルーシブ教育に関する全国調査をするなかで、「コミュニティのなかですべての子どもが共に学ぶべき」という原則には、特別支援学級の設置から、特別支援学校と通常の学校の連携まで幅広い理解が見られることを認識した。この経験から「プロセスとしてのインクルージョン」（inclusion as a process）と呼ばれる定義を掲げるようになったのである[20]。

　このように 2 つの考え方が広まった結果、国によって異なるインクルーシブ教育システムが構築されることになった。日本は通常の学校の通常の学級を主流とする制度を採る one track 方式の国々（イタリアなど）とは

異なり、イギリスと同じく通常の教育と特別支援教育の２つの方式（two track）を採用している[21]。その結果、例外的にしか通常学級以外の場での教育を認めないアメリカやカナダのインクルーシブ教育と、「多様な場を用意することが必要である」として特別支援学校などを重要視する日本との間に、明らかに大きな相違が生まれている現状を憂慮する声もみられる[22]。

５．障害者権利条約と障がいのある子どもの権利

サラマンカ宣言から12年後の2006年12月、国連第61回総会で障害者権利条約が採択された。この条約は障がい者の人権及び基本的自由の享有を確保し、障がい者の固有の尊厳の尊重を促進することを目的としていた。障害者権利条約において、障がいのある子どもの権利について触れられた箇所は幾つもあるが、本章において重要なのは、障がいのある子どもの権利を明確化した第７条と、障がいのある子どもの教育について触れた第24条である。

第７条の第１項では、障がいのある子どもは他の子どもと同じ人権と基本的自由を有し、それらを完全に享受できるよう措置する必要があることが規定されている。この規定は「これまで障害児が特別なニーズがあるとされ、特別な保護や医療、福祉、教育の対象とされ、子どもとしての権利を制限されてきたことを考えると根本的な障害児観の転換」だった[23]。続く第２項ではその措置においては「子どもの最善の利益」が考慮されなくてはならないこと、第３項では「意見表明権」の保障と「合理的配慮」の提供が規定されている。

また、第24条では障がい者に対する教育が規定されている。第１項では障がい者が差別のない教育の機会の平等を学校教育だけでなく、生涯において確保されることを定めている。その教育の目的は自尊感情の育成と多様性の尊重（1a）であり、才能と能力が最大限まで発展され（1b）、自由な社会に効果的に参加できる（1c）ことを求める。第２項では第１項を実現するために、大多数の人に用意されている一般的な教育制度から排除されず（2a）、自分の生活する地域で初等・中等教育が保障されること（2b）、

教育で合理的な配慮を提供すること（2c）、効果的な教育の支援が保障されること（2d）、フルインクルージョンを目標に、学問的・社会的な発達を最大限に伸ばす個別支援がとられること（2e）と具体的方法が記されている。第3項では障がい者に発達と社会参加のための技能習得が保障されること、第4項では手話・点字の技能をもつ教員の雇用と、教員や職員への研修の義務づけ、第5項では障がい者に合理的配慮のもと、高等教育を含めた生涯学習が保障されることを定めている。

　なお、2016年には国連から障害者権利条約に関連して、「インクルーシブ教育を受ける権利に関する一般的意見第4号」（CRPD/C/GC/4）が出された。同級生から分離された環境で、かつ質の低い教育を受けていることが世界的に深刻な課題であるとされ、可能な限り分離されないフルインクルージョンという目標に向けた制度改革や変更が常に行われるプロセスをともなうのがインクルーシブ教育である、という認識が国連から示された。

6．日本における権利意識の現状

　日本では2016年の児童福祉法改正に伴い、第1条の条文に「児童の権利に関する条約」の名が明記された。また2023年施行のこども基本法でも、第1条で法律全体が日本国憲法と子どもの権利条約の精神にのっとって、国のこども施策に関する責務等を定めるとしている。法の上では、子どもの権利の理念が憲法と同様の位置づけにまで高められたようにもみえる。

　だが3万人規模での国内調査では、15歳から17歳の子どもにおける子どもの権利に対する認知度は32.9％、18歳以上80歳までの成人になると16.4％しかその内容を知らないという結果が出ている[24]。また、学校教員を対象とした調査でも子どもの権利について「まったく知らない」「名前だけ知っている」と答えた教員が30％もいただけでなく、「義務や責任を果たさないと子どもの権利は認められない」と答えて、無条件の基本的人権だと知らない教員が4人に1人（27.6％）、子どもが自身の権利について学ぶ取り組みをしていないと答えた教員も約半数（47.0％）いた[25]。つまり、子どもの権利についての意識が国民や教員に十分に定着しておらず、結果として子ども自身による認知度も低下している状況にある。この乖離はどこから

来るのだろうか。

　実は日本は子どもの権利条約の採択よりずっと早く「児童憲章」が1951年に制定され、子どもの権利に対する意識の萌芽がみられていた。ところが、この憲章の策定にかかわったのは救護院や養護施設といった実践家だったため、その思想が継承されず、憲章にみられた児童の権利論が徐々に忘れられていったことが指摘されており、子どもは保護されるべき存在から発展的に子どもは権利を持つ主体であるという認識にまでなかなか展開していかなかった[26]。

　また名尾は先行研究から、子どもの権利条約が欧米主導で作られたことで当事者意識が薄かったことや、当時の文部省が条約は発展途上国の子どものためのもので、日本には関係ないといった認識を示した（「事務次官通知：文初高第149号」）ことによる影響があったと考察している[27]。さらに滝口はこの通知は現在もまだ変更されず、その効力が生きていることから、「子どもの声を聞くというよりも子どもを管理する」姿勢が続いていると指摘している[28]。

　すなわち、日本ではインクルーシブ保育・教育で保障される障がいのある子どもの権利以前に子どもの権利それ自体の認識が低かったといえる。障がい者の権利に至っては法的な整備が遅れたため、日本が2014年に障害者権利条約に批准したあとの内閣府による2017年の世論調査でも、障害者権利条約の周知度については「知らない」が77.9％とまだ圧倒的に多い[29]。

　こうした状況から、子どもの権利条約の締約国である日本への審査において、2019年に子どもの権利委員会から示された総括所見（CRC/C/JPN/CO/4-5）では、教育・保育ともにインクルーシブでなくてはならないこと、そのための職員養成、啓発を進めることに加え、「統合された学級でのインクルーシブ教育」を発展させること、すなわち、フルインクルージョンでのインクルーシブ教育が求められた。この勧告はさらに2022年の障害者権利条約の対日審査でも引き継がれ、障害者権利委員会からは、特別支援学級を含めて分離教育を見直し、可能な限り通常の学級でどの子どもも学べるようにすべきという強い要請がなされた（CRPD/C/JPN/CO/1）。

7．これからのインクルーシブ保育と教育

　2021年現在、義務教育段階にある子ども約961万人のうち、特別支援学校に約8.0万人、特別支援学級に約32.4万人、通級指導に約13.3万人が在籍し、特別支援教育を受ける子どもは合計約53.7万人で全体の5.6％を占める。特別支援教育が始まった2007年と比べると、日本全体の子どもの数が1割以上減少した一方で、特別支援学校は1.37倍、特別支援学級は2.86倍、通級指導は2.95倍に在籍者数が増加し、特別支援教育全体では2.48倍の増加がみられており、両権利条約が求める分離教育の見直しとは逆行しているようにみえる。

　日本では1951年の児童憲章、1974年の統合保育開始など、子どもの福祉において先進的な取り組みをしてきた面もあるが、先述したように、国際的な人権に関する議論に対して国内での議論は低調であり、特別支援の学校や学級が増え続ける現状についても多様な学びの場があるとして肯定的にとらえられ、2022年の障害者権利条約の対日審査後も障がいのある子どもの権利の視点から見直しが必要と国はとらえていない[30]。

　むしろ、日本では「本当はやらなくていいことをやってあげている」「配慮だからできる範囲でいい」「やれないものはやれない」という理解が、教育や保育の現場にはまだ残っている。その意味で、障がいのある子どものインクルージョンは「やってあげる」という個々人の思いやりの意識から、「やらなければいけない」という人権保障意識への転換がなければ実現しない、という認識が必要という指摘は傾聴すべき意見だろう[31]。

　インクルーシブ保育・教育は障がいのある子どもに限らない。実際には民族、宗教、性自認、家庭環境など、多様な背景をもつ子どもに対しても、排除されない保育・教育が求められている。権利条約がたどってきた議論の歴史からは、人権問題は思いやりだけでは解消できず、どんな背景をもっていようとも、対等に意見が表明・尊重され、同じ保育や教育の場で生活し、学べる環境づくりをしないと偏見や差別はなくならないことが示されている。インクルージョンはプロセスである。国連の勧告にまず耳を傾け、子どもの最善の利益のために、勧告された内容をよく吟味し、その実現可能性を私たち一人ひとりが、粘り強く議論し続ける必要がある。

注

1）浜谷直人・芦澤清音・五十嵐元子・三山　岳（2018）『多様性がいきるインクルーシブ保育：対話と活動が生み出す豊かな実践に学ぶ』ミネルヴァ書房.

2）三山　岳（2017）「特別な教育的ニーズをもつ児童生徒の支援と特別支援教育」愛知県立人学教育福祉学部教育発達学科編『小学校教育実践の基礎と展開：実践指導力を高める教職ハンドブック』愛知県立大学教育福祉学部教育発達学科. pp. 61-71.

3）UNESCO (2009) Policy Guidelines on Inclusion in Education. Paris, UNESCO.

4）栅瑞希子（2016）「日独英 3 か国における家庭的保育の現状と課題：3 歳未満児の保育拡充策と家庭的保育の位置づけ」『聖徳大学研究紀要』27. pp. 19-26.

5）嶺井正也（2016）「インクルーシブ（包摂共生）教育の国際動向：概念を中心に」『人文科学年報（専修大学）』46. pp. 145-176.

6）福田　弘(1991)「児童の権利条約」までの三〇年：宣言から条約まで」下村哲夫編『児童の権利条約：21世紀を新「子ども世紀」に』時事通信社. pp. 162-187.

7）永井憲一(2000)「子どもの権利条約の意義と特徴」永井憲一・寺脇隆夫・喜多明人・荒牧重人編『新解説　子どもの権利条約』日本評論社. pp.3-9.

8）松本眞一（1995）「子どもの権利条約と児童福祉」『桃山学院大学社会学論集』28（2）. pp. 1-34.

9）荒牧重人（2009）「子どもの権利条約の成立・内容・実施」喜多明人・森田明美・広沢　明・荒牧重人編『逐条解説　子どもの権利条約』日本評論社. pp.3-17.

10）前掲書 8 ）

11）前掲書10)

12）日本ユニセフ協会（2022）「子どもの権利条約カードブック（第 3 版）：みんなで学ぼうわたしたちほくたちの権利」（https://www.unicef.or.jp/kodomo/nani/siryo/pdf/cardbook.pdf/210831 2022/11/30最終閲覧）.

13）名尾利香（2017）「子どもの権利条約と意見表明権」『桃山学院大学社会学論集』51（1）. pp. 143-174.

14）山下雅彦（2013）「子どもの権利と学童保育：学童保育を支える憲法・条約」学童保育指導員テキスト編集委員会編『学童保育指導員のための研修テキスト』かもがわ出版.

15）川島　聡（2009）「第23条　障害のある子どもの権利」喜多明人・森田明美・広沢明・荒牧重人編『逐条解説　子どもの権利条約』日本評論社. pp.148-154.

16）矢吹芳洋（2000）「第二三条　障害児の権利」永井憲一・寺脇隆夫・喜多明人・荒牧重人編『新解説　子どもの権利条約』日本評論社. pp.141-147.

17）七木田敦(2007)『実践事例に基づく障害児保育：ちょっと気になる子へのかかわり』保育出版社.

18）Lipsky, D.K., and Gartner, A. (1996) Inclusion, school restructuring and the remaking of American society. *Harvard Educational Review*, 66(4), pp. 762-796.

19）Booth, T. (1995) Mapping inclusion and exclusion: concepts for all?. Clark, C., Dyson, A. & Millward, A. (Eds.) *Towards Inclusive Schools?*, Routledge, London.

20）Sebba, J., and Ainscow, M. (1996) International Developments in Inclusive Schooling: mapping the issues. *Cambridge Journal of Education*, 26(1), pp.5-18.

21）落合俊郎・島田保彦（2016）「共生社会をめぐる特別支援教育ならびにインクルーシブ教育の在り方に関する一考察」『特別支援教育実践センター研究紀要』14. pp.27-41.

22）榊原洋一（2015）「何か変だよ、日本のインクルーシブ教育（1）」Child Research Net（https://www.blog.crn.or.jp/chief2/01/18.html 2022/11/30最終閲覧）.

23）堀　正嗣（2018）「第18章　障害児」長瀬　修・川島　聡編『障害者権利条約の実施：批准後の日本の課題』信山社．pp. 375-391.

24）セーブ・ザ・チルドレン（2019）「3万人アンケートから見る子どもの権利に関する意識」（https://www.savechildren.or.jp/news/publications/download/kodomonokenri_sassi.pdf 2022/11/30最終閲覧）.

25）セーブ・ザ・チルドレン（2022）. 学校生活と子どもの権利に関する教員向けアンケート調査結果（https://bit.ly/38ZKUws 2022/11/30最終閲覧）.

26）竹原幸太（2016）「救護院・養護施設における実践容量の形成過程と共通する援助原理」『司法福祉学研究』16. pp. 49-66.

27）前掲書14）

28）滝口　優（2017）「子どもの権利条約から見た日本の行政の子ども観」『白梅学園大学・短期大学教育・福祉研究センター研究年報』22. pp. 39-46.

29）内閣府（2017）「障害者に関する世論調査」（https://survey.gov-online.go.jp/h29/h29-shougai/index.html 2022/11/30最終閲覧）.

30）佐藤　領「特別支援教育「中止は考えていない」永岡文科相、国連勧告で表明」教育新聞2022年9月13日付記事（https://www.kyobun.co.jp/news/20220913_06/ 2022/11/30最終閲覧）.

31）バーンズ亀山静子・宮坂麻子「インクルーシブ教育、日本でどうすれば進むのか。『やってあげる』から『やらなきゃいけない』へ」朝日新聞2021年12月20日付記事（https://miraimedia.asahi.com/inclusive_gigaschool/ 2022/11/30最終閲覧）.

教室を飛び出していってしまう小学3年男子への支援

1．事例概要

　夏男は母との2人暮らしで、同じアパートに祖母が住んでいる。夏男が2歳の時、両親は離婚している。母は昼夜ダブルパートで働いている。

　学校での夏男は離席が多く、担任の指示が入りにくい。突然教室を出ていってしまい、校内を探し回ることがしばしば起きていた。隣の子どもにちょっかいを出し、思い通りにならないと暴言を吐き、暴れることもある。担任が注意するとさらに興奮し、手が付けられない状態になった。

　担任は学校での夏男の行動を母に電話で知らせ、協力を得たいと考えていた。しかし、ある日母は「学校が悪い！おまえのせいだ！うちの子は悪くない」などの激しい言葉で応じた。その後、電話に出なくなり、必要な時は連絡帳での連絡になった。今後の対応を検討するためにケース会議を開くことになった。

2．支援内容と経過

　担任、2年次担任、補助教員、学年主任、養護教諭、特別支援コーディネーター、スクールソーシャルワーカー（SSWer）が集まり、ケース会議を開催した。決定した支援内容は以下のとおり。

　　①多目的室を夏男の居場所とし、教室を出たくなった時には、担任に告げてから多目的室へ行くことを夏男と確認する。（2年次担任より、夏男は約束を守ろうとするとの情報があり、約束をしてみることになった。）

　　②教室で暴れたら、対応できる教員が多目的室に同行し、クールダウンしたら、気持ちを聴いてみる。

　　③家庭での夏男の様子や母との関わりについて知るために、母と面談する。

　　④子ども発達支援センターの臨床発達心理士に夏男の観察を依頼する。

　ケース会議で話し合ったことを夏男に伝え、できるかどうか確認した。すぐには実行できなかったが、根気よく約束を確認することを続けているうちに、徐々にできるようになった。多目的室にいる夏男は落ち着いて、ドリル学習に取り組んでいた。できたことを褒められると夏男はうれしそうな顔をした。子ども発達支援センターの心理士の助言を得て、教員が対応を工夫したことで、夏男が暴れることは少なくなった。

　母との面談は母が学校への不信感があることに配慮し、SSWerが行った。

面談で母は、昼夜働かないとやっていけないこと、夏男は言うことをきかず困って感情的に激しく叱責していること、夜祖母に夏男を頼んでいるが、本当は頼みたくないと思っていることなどを語った。言う事をきかせていると言っていた。

　支援の振り返りと母からの情報を踏まえ、発達支援センターの心理士も加わり、第2回ケース会議を行った。決定した支援内容は以下のとおり。

　　⑤多目的室での過ごし方を担任、補助教員で話し合い、夏男の力を伸ばす。

　　⑥夏男への対応として、穏やかに話す、気持ちを受け止める、できていることを認める。

　　⑦生活に追われて余裕がなくなっている母親を母子自立支援員につなぐ。

　　⑧夏男の発達特性理解と適切な対応を促すため、母を発達支援センターにつなぐ。

　　⑨母に特別支援学級への進級について相談する。

　母を母子自立支援員につないだことで、常勤の就職が決まり、夜祖母に夏男をみてもらわなくてもよくなった。祖母を頼らなくてよくなったことは、母のストレス減少になった。子ども発達支援センターの担当者は、夏男が5歳の時に相談にのっていた心理士だったこともあり、母は安心して相談に行くことができた。心理士の見立てと助言で、母は夏男を児童精神科に連れて行った。ADHAの診断を受け、服薬を始めた。夏男は薬を飲むと楽になると言っていた。

　担任は特別支援学級への進級を打診したが、母は難色を示した。時間をあけて2学期末の保護者懇談会で、担任と特別支援コーディネーターは、多目的室での夏男の様子を伝え、「静かな環境で個別対応すると、夏男は持っている力を伸ばすことができる、力を持っているのにこのままではもったいない」と親身になって話した。3学期になり、母は特別支援学級への進級を承諾した。

3．支援のポイント

【発達課題の理解と対応】 夏男の問題行動の背景にある課題として、①発達課題がある　②自尊感情が低い　③母の夏男への関わり方の三つに注目した。①②に関しては、関係する教員全員で夏男の発達課題の共通理解を図り、同じ方針をもって支援するようにした。③に関しては、母が発達支援センターの心理士からのアドバイスを受け、夏男への接し方に変化が起きることを期待した。また、母には夏男の頑張っている姿を伝えるようにした。

【母の困り感の理解と支援】 母は生活に追われ、夏男の学校での問題行動に対処する余裕はなくなっていた。母の困り感を理解し、支援を行ったことで学校との関係が改善した。学校は子どものためにどうするか一緒に考える姿勢を崩さず母と関わったことで、母との協力関係を築くことができた。（早川　真理）

第2章　早期発達支援の考え方と支援体制

瀬野　由衣

　現場の教員は、どのようなケースに出会った時に子どもへの対応の難し
さを感じることが多いのだろうか。現場の教員が対応に苦慮している事例
検討に立ち会って感じるのは、「診断名がついている子どもや障害が重い
子ども＝対応に苦慮している」という図式ではないことである。子どもの
行動の理由や背景が「わからない」こと、その「わからなさ」を共有でき
る相手（保護者や同僚）がいない場合に、対応の難しさを感じることが多
いのではないだろうか。逆に、たとえ障害をもっていたとしても、支援の
方向性を保護者や同僚と共有できる場合は大きな負担感を感じていない
ケースもある。両者を分ける一つの要因として、その親子が就学前に辿っ
てきた道のりが関係している。保護者が子どもの抱える困難について誰か
と一緒に考える場や機会に恵まれてきたか否かが、就学後の子どもの状態
像に大きく関連するからである。そこで重要になってくるのが乳幼児期の
早期発達支援である。
　本章では、就学前の親子を支える早期発達支援の考え方と実際の支援体
制及びその課題について考える。様々な制度のもとでどのような支援が、
誰によって行われているのかを知ることは、親子の辿った道のりを多面的
な視点から理解する第一歩につながるであろう。

1．早期発達支援の考え方
（1）　発達支援とは何か
　「発達支援」と聞くとまず思い浮かぶのは、障害や何らかの困難を抱え
た子どもの発達を支援する「療育」の取り組みであろう。「療育」は当初は、

高木憲次が肢体不自由児の社会的自立を目指すためのチームアプローチを指して提唱し、治療教育的な要素が強い概念として捉えられていた。しかし現在、療育は、必ずしも障害が確定していない子どもも含みこみ、かつ本人のみならず、保護者の育児支援や保護者支援、地域づくりも含みこむ意味合いを有している。こうした動向に相まって、全国児童発達支援協議会（CDS-Japan）では、「発達支援」を次のように定義している[1]。

　「障害のある子ども（またはその可能性のある子ども）が地域で育つ時に生じるさまざまな課題を解決していく努力のすべてで、子どもの自尊心や主体性を育てながら発達上の課題を達成させ、その結果として、成人期に豊かで充実した自分自身のための人生を送ることができる人の育成（狭義の発達支援）、障害のある子どもの育児や発達の基盤である家庭生活への支援（家族支援）、地域での健やかな育ちと成人期の豊かな生活を保障できる地域の変革（地域支援）を包含した概念」

　つまり、障害の軽減や改善という本人の能力や「できること」を向上させるという支援のみならず、家庭や地域での本人と家族の生活を支え、生涯にわたってのQOLを支えていくことが広い意味での「発達支援」である。発達支援そのものは生涯に渡る長いスパンで行われていくものだが、本章で早期発達支援と呼ぶのは、可能な限り早い時期、つまり乳幼児期の支援を念頭に置いている。

（2）　早期発達支援において大切なこと

　乳幼児期の早期発達支援において大切なことは何か。この点に関しては近藤[2]が近年の乳幼児を取り巻く施策の現状と課題をまとめている。ここで指摘されている重要なことは、障害の有無にかかわらず、すべての子どもに子どもとしての権利が保障されること、親子が安心して暮らすために母子保健と子育て支援の両者がつながり、障害のある子どもへの療育保障という仕組みが充実していくことである。とりわけ、母子保健の中核を担う保健センターが担う役割は、その出発点として重要となる。例えば、新生児の発育、栄養、生活環境、疾病予防など育児上重要な事項の指導を目的として行われている「新生児訪問指導」は母子保健法に定められた事

業であり、生後28日以内（里帰りの場合は60日以内）に保健師や助産師が訪問するものである。授乳の悩みや赤ちゃんの健康状態に関する不安が顕在化するこの時期の保護者を支えることは、子育て不安を軽減するうえでも重要である。以下では、乳幼児親子を地域で支えていく支援体制を概観する。

2．乳幼児親子を地域で支える支援体制
（1）　乳幼児健診の果たす役割

　ダウン症などの染色体異常は、出生前や出生後すぐの検査で早期発見が可能である。一方、生まれた直後から我が子の障害を告知される保護者の気持ちは想像を絶するものがあり、今後の見通しが立たない不安な状況に多くの家族が直面する。医療機関と療育機関が連携して家族を支えていく仕組みが必要不可欠である。実際に多くの医療機関では、先天性の障害とわかった時点で療育や親の会などの早期支援の場につながることができるような体制がとられている。入院等の医療的ケアが早期に必要なケースも、保護者は比較的すぐに子どもの障害や疾患と向き合わざるを得ない。

　運動機能や知的発達の明らかな遅れは、脳性麻痺や知的障害として、生後1年以内に徐々に見つかる場合が多く、これらの発達の遅れを早期に見つけて支援につなげる役割を担っているのが母子保健機関である。市町村に設置されている保健センターが主な実施主体となっている乳幼児健康診査（乳幼児健診）では、乳児期に3、4ヶ月健診や地域によっては10ヶ月健診が行われている。乳児健診は、発達初期に顕在化する脳性麻痺などの障害を発見し、医療機関や療育機関での支援につなげていく場として重要である。一方で、知的障害の遅れが中度から軽度であったり、自閉スペクトラム症やADHDといった発達障害の確定診断が生後1年以内になされることはまずなく、その兆候に気づくきっかけとして大切な役割を担っているのが1歳半健診と3歳児健診である。

　1歳半健診と3歳児健診は、母子保健法に基づき、主に市町村の保健センターで行うことが多くなっている。保健センターに親子で来所してもらい、誕生日が近い他の子どもと一緒に受診する集団健診の形態をとってい

る場合が多数を占めるが、実施内容や場所は市町村によって異なる。集団健診の利点は、月齢のほぼ同じ他の乳幼児と一緒に健診を受けることで、保護者間や子ども同士の交流が生まれたり、保護者が我が子の発達の様子を客観的に受けとめる機会になることが挙げられる。

　1歳半健診では、身体面での発育や運動面、精神発達の様子を確認している。精神発達面では、主に身ぶり表現や言葉を使った対人的関わり、認知発達の様子を、保健師とのやりとりによって把握する。単に発語があるか否かではなく、視線が合った時の様子や、こちらの問いかけに対して子どもがどのように応じるかを丁寧につかむことが大切である。

　3歳児健診も同様に、身体発育や運動機能、社会性などの精神発達の諸側面を確認している。集団での簡単な遊びに参加する機会を健診に組み込んでいる自治体もある。個別の保健師とのやりとりでは見えにくい、集団場面での周囲との交わり方を確認するためである。未就園の場合は特に、幼稚園などの就園先を考える際の一つの材料にもなるであろう。

　健診の場は、親子と顔を合わせてやりとりができる大切な機会である。保健師には、保護者の話に丁寧に耳を傾け、保護者の精神状態や家庭の状況、どこまで子どもの発達に不安を抱いているのか等を見極めることが求められる。以下で取りあげる乳幼児健診後の親子教室は、子どもと家族を継続的に支えていくことを目的とした発達支援の場である。

（2）　乳幼児健診から親子教室、そして早期療育へ

　近年、多くの市町村で1歳半健診や3歳児健診の事後フォロー先として位置づけられているのが親子教室である。地域によって異なるが概ね約半年間でワンクールの遊びの教室であり、1歳半健診後と3歳児健診後の年齢別に分けて実施している自治体が多い。健診で発達の様子を継続的に確認したい親子を保健師が誘ったり、保護者の不安が強い場合、保護者支援が必要と思われるケースなどが対象となる。保健師や保育士、心理士などが入って簡単な集団遊びをしたり、保護者同士の交流や個別相談ができる時間が設けられている。親子教室の利点は、子どもに障害があるか否かにかかわらず、親子が気軽に通える点にある。特に1歳半健診で発達のつま

ずきの兆候が見つかった後、半年間という時間をかけて保護者と信頼関係
を築きながら、子どもの様子を継続的に確認できることは非常に大切であ
る。「子どもの成長、発達にとって何が大切なのか」を一緒に考えてくれ
る場として保護者が安心して通えることが、子どもの成長にプラスに働く
ことは間違いない。保育者の子どもとの関わり方を実際に見ることで、子
育てのヒントを得られることもある。毎日接している保護者には感じられ
ない子どもの成長を実感できる場としても重要となる。こうした関わりの
延長線上に、子どもの就園先の検討が位置づくのが理想である。適宜、療
育機関を紹介して実際に見学を勧めたり、家庭状況を考慮しながら保育
園と幼稚園のどちらがその子に合っているのかを一緒に考えていくのであ
る。

　親子教室から療育機関へつながる流れをみていく。療育は治療教育の略
称だが、先述したように、療育機関は単に機能改善を目指す訓練の場では
ない。「子どもたちの保育・療育をよくする会」では、療育のキーワード
として「小集団」「遊び」「自分を好きになること」を挙げている。小集団
の中では、子どもを大集団に合わせることを強いる必要がなく、「その子
自身の一番好きなこと」「やりたいこと」を出発点にできる。「遊び」は、
楽しく、本人が手応えを感じられる活動であることが重要である。楽しい
活動を一緒に共有できる大人や仲間と出会い、大好きなことを見つけた子
どもたちは、他者への信頼と自分に対する誇らしい感情を育てていくこと
ができる。乳幼児期に育まれた自他への信頼感は、その後の人生の様々な
局面で支えとなり、その土台を乳幼児期のなるべく早くから整えていくこ
とが、早期療育の目指すところなのである。

　ただし、親子教室とは異なり、療育機関の利用に際しては、市町村が発
行する「受給者票」が必要となる。受給者票発行には、必ずしも障害認定
は必要ないとされているが、地域によっては療育手帳を必須とする場合も
ある。療育手帳を取得するということは、我が子の障害を公にし、社会的
承認を得ることを意味する。保護者にとって、受給者票取得にまず大きな
戸惑いと葛藤があることを十分に念頭に置くことが大切である。

　療育施設には、親子教室を経て通う場合もあれば、医療機関や児童相談

所等からの紹介、保育園や幼稚園で発達のつまずきが顕在化し、通所に至る場合などがある。年齢が幼い場合は特に親子通園が基本となるが、バスでの送迎があり、子どもだけが単独で通園する形態もある。保育所等と併行通園をとる場合もあり、地域の実情によっても異なっている。

　療育を行う具体的な場としては、児童発達支援センターと児童発達支援事業が挙げられる。児童発達支援センターは、地域療育の中核を担う役割が期待されている療育施設である。その役割として「（本人への）発達支援」、「家族支援」、「地域支援」の三つが挙げられている[3]。発達支援では、子どもたちの早期療育の場として、遊びを中心にした活動や生活面での支援が行われる。家族支援では、その子を育てる家族へのサポートが課題となる。たとえ療育施設に通うことを決めたとしても、保護者が我が子の障害を完全に受容できているわけではない。療育を通して子どもの発達の兆しを感じたり、信頼できるスタッフ（保育士や心理士など）との信頼関係や他の保護者とのつながりができて初めて、「ここ（療育）に通う選択をしてよかった」と思えるのが自然である。通所当初は子どもと保護者との愛着関係が十分に築けていない場合もあり、その手助けをすることも重要である。子どもを支えるということは、その家族を支えることでもあり、本人への発達支援と家族支援は両輪となる。さらに地域支援では、地域の諸機関との連携を視野に入れた取り組みの工夫が求められている。地域支援が充実することで、子どもとその家族を支えるパイプが太くなり、結果として地域全体の療育の質が向上するからである。

　児童発達支援事業は、以前、児童デイサービスと呼ばれていた療育を提供する場を指す。現在は社会福祉法人だけでなく、NPO法人や株式会社など、様々な事業者が参入して療育を提供できるようになっている。保護者が選択できる機会が増えた一方で、サービスの内容やプログラムも様々であり、内容と質を見極めて選ぶことが必要である。

（3）　保育所等の保育機関が果たす役割

　乳幼児健診で保護者が発達のつまずきに気づき、親子教室を通して丁寧なフォローを受けた場合は、「その子に合った今後の選択」を早期に考え

る機会に恵まれたケースといえる。それ以降の気づきの場として大切になるのは、保育所や幼稚園等の集団生活の場である。実際に、療育機関に通う保護者のアンケートの結果からも、保育所等で発達のつまずきが顕在化し、通所に至るケースが一定数あることが報告されている[1]。また、保育所等では、障害とはいえないかもしれないが「気になる子」の存在が話題になることが多くある。ある調査では、保育者は「気になる子」の具体的な中身として、発達障害が想定されるものから無気力な子ども、被虐待の疑いのある子ども等、多岐にわたる子ども像を想定していることがわかっている[5]。一方、同調査では「気になる子」の52％は発達障害が想定されるケースが占めるとも報告されており、保育所や幼稚園は、発達につまずきをもった乳幼児親子を受けとめる保育機関としても重要な役割を担っている。では、こうした保育機関は、どのような困難さや課題を有しているのだろうか。筆者は、主に以下の二点があると考えている。

　一つ目の課題は、発達支援が必要と思われる子どもの状況を保護者と共有していくことの困難さである。これは、学校現場で苦慮している事例にも共通する課題であろう。保護者の中には、健診等で何らかの指摘を受けたことがある人もあれば、そうでない人もいる。家庭では問題を感じてこなかったケースもあれば、逆に外からの指摘や助言を遮断してきた場合もある。このような場合は「園でこういうことで困っている」という園での困った行動に焦点を当てた伝え方ではなく、「子ども自身が○○で困っている感じがする。家庭でどのように工夫されているのかお聞きしたい」といった対話的なコミュニケーションが大切となる。対話の姿勢に徹することではじめて、家庭での苦労や母親自身が抱えている悩み等、子どもを取り巻く状況を共有することが可能になるからである。

　二つ目の課題は、実際に発達支援が必要な子どもを受けとめる保育体制である。保育所等での障害児保育には、障害児専門の療育施設とは質的に異なる困難があると同時に独自の優位性もあると指摘されている[3]。療育機関では、小集団で、その子の発達課題にあった遊びや活動を提供でき、他の専門職と一緒にリハビリテーションと保育を統合することが可能である。保育所は職員の配置基準も療育施設とは異なり、一人の保育士が大人

数の子どもを保育しており、障害をもった子どもに合わせた保育内容を工夫することには限界がある。一方で、保育園は、親の就労支援という点で長時間保育が基本であり、0歳児から5歳児まで、幅広い年齢層の子どもが在園している。子どもの遊びや生活文化を工夫してきた歴史もあり、障害児を含めて共に育ちあう多様な集団を形成しやすい利点もある。規模が小さい地域で療育機関が十分に整備されていない場合は、実質的に保育所が障害をもった乳幼児の受け皿になっていることもある。幼稚園や認定子ども園でも、障害児の受け入れはなされているが、園による違いも大きいのが実情である。加配保育者をつけやすくしたり、研修や巡回相談等を充実させていく仕組みを早急に整えていく必要がある。

3．就学に向けた地域発達支援の在り方
（1）　就学先の決定に至るプロセス：就学相談と就学時健診

　困難を抱えた子どもをもつ保護者にとって、就学は我が子の今後の人生を左右する大きな選択の機会となる。健診や親子教室で比較的早期に発達のつまずきに気づき、サポートに恵まれた親子は、小学校入学に際し、進路を周囲に相談しながら考えることができる。障害の程度が重く、既に療育機関等に通っている場合は、特別支援学校ないし特別支援学級の選択を迫られるであろう。課題になるのは、知的障害を伴わない発達障害をもった子どもたちが就学先を選ぶプロセスである。

　現在、市町村では、子どもが就学する1年前に子どもの就学先を決めるための就学相談の機会が教育機関によって設けられている。就学相談は保護者と対象児童、教育委員会での話し合いを通して、よりよい就学先を決めていくプロセスを指す。対象児は、障害認定がなされ、既に療育機関等につながっている子どものみならず、保育所や幼稚園で相談を勧められたケースや、保護者が自発的に相談を申し込むケースが主となる。就学相談ではまず、保護者からの申し出を経て、保護者との面談や対象児の発達検査が行われる。同時に、保護者から乳幼児健診の結果や過去の相談履歴等の多面的な情報を集める。保護者の了承を得て、在園する保育所等に子どもの情報を書面で作成してもらうこともある。その後、これらの情報や後

述する小学校での就学時健診結果をふまえた協議がなされ、就学支援委員会が就学先を提案し、保護者に伝えられる。保護者が提案に賛成しない場合は継続相談が行われるが、決定の過程では、保護者の意見が尊重されなければならないと法律で定められている。実質的には、保護者の意向が反映されることが大多数である。中には相談の途中で保護者とのやりとりが途切れてしまうケースもあり、その他にも多くの自治体で就学相談には様々な課題があることがわかっている[6]。知的発達に大きな問題がない発達障害児の場合は、周囲が促しても保護者が相談の必要性を感じず、相談に至らないこともある。保護者と一緒に就学について協議できる最後の機会は、教育機関が実施主体となる就学時健康診断（就学時健診）である。

　就学時健診は、事前に保護者に通知書と事前調査用紙が送付され、決められた日に就学予定となる小学校に行って集団健診を受けるものである。実施方法は地域によって異なるが、主に視力、聴力、歯科、内科健診等の他に簡単な知能検査や保護者を交えた面談が行われる。健診後、教育委員会から結果が報告され、発達障害などが疑われる場合は就学相談や心理発達相談が勧められる。一連の相談結果をふまえ、就学支援委員会の最終的な判断に基づき、最後に就学通知書が各家庭に送付される流れとなる[7]。

　現行の諸制度のもとでは、実質的に3歳児健診から就学時健診までの約3年間に健診の機会は保障されていない。この空白期間を埋めることを目的に、年中児時点で独自に5歳児健診を実施している自治体もある。5歳になれば大部分の子どもが就園しているため、年長になる前の年中時点で発達障害の発見につなげていくことが目的である。実施主体は保健センターで、集団健診や郵送でのアンケート調査が行われている。非常に意味のある取り組みだが、個人情報の問題もあるため、健診の情報が保護者の許可なく保育所等と共有できないという困難さもある。5歳児健診で得られた結果や情報を、保育所等での子どもの様子と重ね合わせて保護者と協議できる機会を作っていくことも課題であろう。

（2）　教育と福祉、保健・医療機関との連携とその課題

　本章では、早期発達支援の考え方及び、乳幼児健診に始まり就学に至る

までの発達支援体制を概観した。最後に、乳幼児期から児童期への転換期に地域で子どもと保護者を支えていくために重要な事柄を三点述べる。

　第一に確認する必要があるのは、虐待等の特別な事情がない限り、保護者の理解と協力抜きに、子どもの発達を支えていくことはできないという当たり前の事実である。周囲が子どもの発達を心配しても、保護者の訴えなしに相談はスタートしない。小学校入学後に問題が浮上するケースの中には、保育所や幼稚園では心配されていたものの、就学時健診ではフォローの対象にならなかったケースが一定数あると聞かれる。こうした場合は、その親子が就学前の支援体制にのることができなかった事情やその理由を振り返っていくことが大切となる。場合によっては、卒園した園の保育者と連絡をとり、乳幼児期の様子や保護者の状況を聴きとることも有効である。家庭状況や保護者の疾患等、多面的な視点から状況を把握し、家族が歩んできた道のりに思いを馳せることが必要である。その際、担任が一人で抱えるのではなく、校長や教頭といった管理職や特別支援教育コーディネーターが舵をとり、養護教諭、SSWer、スクールカウンセラーが一体となった連携が欠かせない。

　第二に、早期療育等の継続的な支援を経て就学に臨むケースでは、これまでの各機関での支援内容が次の教育機関にしっかりと引き継がれていくことが課題となる。その子自身の好きなこと、苦手なこと、そして何よりこれまでのその子自身の歩みが分断されないことが重要である。支援ファイルなど、データや書面でつながることも大切だが、時には教員が療育機関や保育機関の保育者と直接会って話すなど、実際に「顔の見える関係」[8]でコミュニケーションをとることも大切にしたい。各機関の取り組みや重視している事柄を知ることは、お互いを理解する第一歩となる。具体的な支援方法や課題を確認しあうことも重要であろう。

　最後に、より大きな視野で地域全体の発達支援体制を知っておくことを挙げたい。地域の規模や財政状況によって、発達支援に関わる予算の計上には大きな違いがある。お金がある＝支援体制が十分とは必ずしもいえないが、少なくとも人的資源、物的資源を確保しやすく、健診後の親子教室等の充実にもつながりやすい。保健・医療に関わる制度や仕組み、子育て

支援の施策の現状を知ることによって、乳幼児親子を取り巻く状況をみる視野も広がる。研修等で地域の実情と資源、連携体制について学ぶ機会を設けると同時に、各機関の担当者と相談しやすい仕組みづくりが課題である。

注
1）全国発達支援協議会（2016）「発達支援の指針（CDS-Japan 2016改訂版）」
2）近藤直子（2022）「障害の早期発見・早期対応、子育て支援における発達保障」『障害者問題研究』50(2)．pp.2-9.
3）藤林清仁（2017）「根っこを支える」池添素・塩見陽子・藤林清仁『育ちの根っこ：子育て・療育・つながる支援』全障研出版部．pp.69-92.
4）市原真理（2012）「療育につながるまで」『療育ってええな！』こどもたちの療育・保育をよくする会編著　かもがわ出版．pp.13-28.
5）久保山茂樹・齊藤由美子・西牧謙吾・當島茂登・藤井茂樹・滝川国芳（2009）「『気になる子ども』『気になる保護者』についての　保育者の意識と対応に関する調査－幼稚園・保育所への機関支援で踏まえるべき視点の提言－」『国立特別支援教育総合研究所　研究紀要』36．pp.55-76.
6）瀬野由衣・三山岳・山本理絵・畑中悦子・薬丸貴之（2017）「幼児期からの就学移行相談・支援体制に関する研究：就学・発達相談担当者への聞き取り調査結果のまとめ（中間報告）」『生涯発達研究』9．pp.61-70.
7）伊藤千枝（2019）「就学時健診と就学相談」小笠毅編『就学時健診を考える：特別支援教育のいま』岩波ブックレット．pp.5-26.
8）木下孝司（2018）『「気になる子」が変わるとき：困難をかかえる子どもの発達と保育』かもがわ出版．

第3章 身近な人の死に直面した子どもの グリーフサポート

大賀　有記

はじめに

　家族など身近で大切な人と死別した子どもたちは、その人がいなくなった環境を生きていこうと様々な方法で取り組んでいる。子どもたちはその過程で、罪責感や怒り、集中力の低下、腹痛や退行など様々な様相を示す。私たちは、そのような子どもたちにどう対応していけばよいだろうか。本章では、身近で大切な人との死別を体験した子どもたちへのサポートを考えるために、1) 子どもの死の概念、2) 子どもたちによくみられるグリーフとグリーフへの対応のポイント、3) 死別を体験した子どもへの教師によるサポート、について概説する。本章が、身近で大切な人との死別を体験した子どもたちに対応する際のヒントになれば幸いである。

1．子どもの死の概念

　人が死を理解するためには、一般に死の3つの属性を理解することが必要とされている。それは、死の普遍性（誰でもいつかは死ぬということ）、体の機能の停止（死によって体の機能は停止すること）、非可逆性（再び生き返ることはできないこと）、である[1]。ここでは、仲村[2]が東京都内で行った3歳から13歳までの子どもたち205名を対象とした調査をもとに、年齢別に子どもの死の概念発達を概観していく。

　3歳から5歳では、死なない人はいる、死んでも見たりすることができる、死んでも生き返ることができるなどと回答した子どもが3割から6割程度おり、死の普遍性、体の機能の停止、非可逆性について理解しておらず、死の意味がよくわかっていない段階と考えられる。特に死の普遍性に

ついては、約65％の子どもたちが理解していないのが特徴である。

　6歳から8歳になると、自分もみんなも死ぬ、死んだら見たり聞いたりできない、生き返れない、という回答が9割程度となり、死の普遍性、体の機能の停止、非可逆性について大方わかっており、死の現実的意味について大方理解していると考えられる。一方で、死の非可逆性について、生き返れると回答した子どもたちの中では、「違う人のお腹に入る」や「神様が人間を作っているのだから、死んだら生まれ変わって生き返れる」などと霊的な回答をした子どもたちも1割程度いた。

　9歳から11歳になると、すべての子どもが「誰でも死ぬ」と回答し、死の普遍性を肯定していた。一方で、体の機能の停止については「霊になっても（見たり聞いたり感じたり）できる」といったような回答がわずかに増し、非可逆性についても「人間から色々なものに生まれかわる」といった答えが微増していた。

　12歳から13歳になると、この霊的な回答傾向は顕著になる。これは、6歳から8歳で死の現実的意味を理解したうえで、霊的精神的回答をするようになるとみられる。体の機能の停止に関しては、霊魂で見たり聞いたり感じたりできるといった回答が増え、非可逆性については、生き返れるとした子どもが4割に増加している。これは死の現実的意味を理解しているからこそ、死後の世界への想像や希望や願望が膨らんでくると考えられている。

　海外で行われた他の研究[3)4)]においても、9歳頃には大人と同様の死の概念を獲得すると報告されている。

　たとえば、乳幼児期の子どもが親と死別したと仮定する。そこで周りの大人が「お父さんは長い眠りについたのよ」と説明すると、眠ることを怖がる子どももでてくる。「お父さんはお空に行ったのよ」と説明すると「自分もお空に行って会えばいい」と理解したりすることがある。この時期の子どもは死を理解できず、抽象的な思考もできないので、婉曲的な死の表現は誤解を招く。ゆえに大人は、婉曲的な表現を使わずに「お父さんは死んだのよ」と子どもに直接伝え、死について子どもが学べるように助けることが重要である。またこの時期の子どもは、自分以外の視点に立って客

観的に物事を考えることが難しく、自己中心性の思考をしている。そのため、親の死と自分を関連づけて考えることがあると知られている。つまり、病死や自死等の死因にかかわらず、親が死亡したのは自分がいい子にしていなかったせいだと思い込み続けることもある。一方で、一見何事もなかったかのように生活を続ける場合もある。そして、死の概念ができた9歳頃に、突然「お父さんはいないんだ」等と泣き出すことがある。このように乳幼児期に死別を体験した子どもたちは、9歳頃になって死別に関連した様々な様相を示すこともある。ゆえに、子どもたちと接する大人たちは、死別を体験した直後の子どもたちに配慮するだけでなく、乳幼児期の死別体験の影響も考慮しておく必要がある。

2．子どもたちによくみられるグリーフとグリーフへの対応のポイント

　身近で大切な人との死別に伴って、子どもたちは様々な苦悩を感じる。それは怒りや恐怖といった感情に表れたり、その人が亡くなったことを理解しようとする思考プロセスとして表現されたり、不眠などの身体的反応や、人生の意味への疑問等として表面化する場合がある。一方で外に表れない場合もある。泣くなどして直接的かつ意図的に悲しみを訴える子どももいれば、危険な行動をとるなどして間接的に訴える子どももいるし、何の変化もなく日々を過ごしているようにみえる子どももいるのである。
　これらは、子どもの死別体験に伴う様々な表現であるので、ここで用語を整理したい。本章では大曲の定義[5]を用い、子どもが体験する喪失を「愛着あるいは依存する対象をなくす、または奪われる出来事であり、あいまい性を伴うこともある」とする。死別は喪失の代表的なものであり、遺体が発見されないといった場合を除きあいまい性は低く、失ったものは明白である。つまり明白な死別は、「愛着あるいは依存する対象をなくす、または奪われる出来事」と捉えてもよいだろう。一方、子どもの悲哀の作業（グリーフワークまたはモーニングワークともいう）については「喪失や喪失によって引き起こされる様々な変化（環境や喪失対象との関係も含める）に個々

に順応・適応するための一連の自然な心理過程であり、その人が生きていく間続いていくもの」としている。そして子どものグリーフを「悲哀の作業のプロセスに含まれる、様々な反応や行動（そのほとんどが正常なものである）を伴う、個人的な経験・考え・感情であり、揺れがある（表面化したりしなかったり、出したり出さなかったりする）もの」とする。つまりグリーフは、死別等の喪失に伴う自然で様々な反応および行動であり、一人ひとり異なり、正解はない。そしてグリーフワークは、死別に伴う様々な変化に対し生涯をかけて取り組む終わりのないものである。グリーフワークは、生涯にわたり様を変えて続いていくため、その過程で表れるグリーフは乗り越えるものではないのだ。

　次に、大切な人との死別に伴って子どもたちによくみられるグリーフの例[6]を表1にまとめて紹介する。

表1　子どもたちによくみられるグリーフ

グリーフが表れる側面	グリーフの例
学校生活面	・集中できない・成績の低下・宿題を忘れる、宿題をやらない・欠席日数の増加、不登校・忘れっぽく記憶力が低下する・頑張りすぎる、完璧であろうとする・言葉を間違える、言葉が出てこない・不注意、集中力欠如・空想、妄想
生活・行動面	・騒々しくわめく、迷惑となる言動・攻撃的なふるまい・よく喧嘩をする、頼まれたことをしない、危険を好み安全を顧みない行動・過激な（ハイパー）行動・孤立または引きこもり・安全でコントロールできた時期への回帰的な行動・常に注意をひこうとする・残された親（保護者）の安全を確認しないと気が済まない
情動面	・不安定、自暴自棄、身の安全の懸念・他人と異なる扱いを受けることに対する懸念・恐怖、罪悪感、激怒、後悔、悲しみ、混乱・「どうでもいい」という態度・うつ、絶望感、極度のおちこみ・過敏・頻繁に涙を流す、怒りっぽい・死による影響がないように振舞う・死にこだわり詳しく知りたがる・死や自殺について繰り返し考える

社会・道徳面	・友達との関わりから離脱する・遊びやクラブ活動に参加しなくなる・薬物やアルコールにはまる・教師や仲間との変化・家庭内での役割の変化（父親の役割を担うなど）・安心できる大人の近くにいたいという願望・性的な行動の表出・窃盗、万引き行為・集団または大勢での行動が困難
身体・健康面	・腹痛、頭痛、心痛・よくけがをする・保健室に頻繁に来る・悪夢、睡眠障害・食欲減または増加・体力の低下、元気がなくなる・じんましん、発疹、かゆみ・吐き気、胃の不調・風邪をひきやすくなる・動悸
精神・宗教面	・神に対する怒り・「なぜ自分が」や「なぜ今？」といった疑問・人生の意味についての疑問・亡くなった人がどこにいるのかと混乱する・この世で独りぼっちという感情・これまでの信念に対する疑問や問いかけ・将来を無意味と感じる・価値観の変化や大切なものが何かという疑問

　子どもの実年齢よりも心身の発達年齢がグリーフに影響を与えると考えられている。年相応の行動をしていないようにみえても、子どもは自分なりにグリーフおよびグリーフワークワークに取り組んでいるので問題ではないが、小中学生のガイドライン[7]を参考までに以下に記載しておく。

●**小学生によくみられるグリーフの例**
・より幼い時期の行動への退行・けんかをする、怒る・人の話を聞けない、集中できない・空想、ぼんやりしている・宿題や課題を終えられない・不眠、いつも眠たそうにしている、悪夢を見る・ひきこもる・遅刻する・落ち込む・毎日疲れた様子である

　では、このような言動をとっている子どもたちに対して、大人ができることはどんなことだろうか。対応のポイントについて、以下に例を示す。

●**グリーフを体験している小学生に対して大人（特に教師）ができることの例**
・子どもの質問に対し、なるべく明確かつ正確に答える
・創作活動や日記を書く、音楽を取り入れたり身体を動かす活動をしたりする
・スポーツやゲーム、散歩など、体を動かす時間をつくる
・子どもが必要なサポートを知り、利用できるよう手助けする
・子どもと一緒に課題に取り組む
・子どもに必要な時は休むこと、自分ひとりの時間をもつことを勧める
・感情や情緒表現を許容し、促す
・日課や仕組みを維持しつつ、柔軟性をもたせる
・可能な限り、子どもに選択肢・決定権を与える
・子どもを気にかけ、子どものことを考えていることを伝える
・子どもと一緒に行動する仲間（世話役）を決める
・子どもが必要な時に行ける「安全な場所」をつくる

　このように大人は子どもを尊重し、彼らと率直に向きあい、パートナーシップを組み、ともに行動することが重要である。ともに行動することは、言葉により自分の感情を十分に表現しにくい小学生にとって、非言語的に感情を表現する貴重な機会となる。
　では次に中学生の場合について例を挙げて考えてみる。

●**中学生によくみられるグリーフの例**
・理屈っぽくなる・ひきこもる、不機嫌になる・怒る、けんかをする・いつも眠そうにしている・集中力の低下、注意散漫・危険を冒す振る舞い（薬物、性的な行動化、窃盗）・予測できない気分のムラや感情的な態度・不安定で一貫性のない言動・頭痛、腹痛、睡眠障害・食生活の変化・家族よりも友人に支えを求める年ごろだが、誰にどのように支えてほしいか混乱する・無力感や絶望感・将来への不安

　では、このような言動をとっている子どもたちに対して、大人ができることはどんなことだろうか。対応のポイントについて、以下に例を示す。

●**グリーフを体験している中学生に対して大人（特に教師）ができること**
・気分の変調を予期して受け入れる
・必要な時に子どもが話をできる、支援的な環境をつくる
・病気や体の痛みなど、身体的な懸念の高まりに備える
・だれにどのようなサポートをしてもらうかなど、子どもの選択を許容する
・支援グループへの参加を促す
・学校の課題完了に柔軟性をもたせる

　中学生は、身体の成長に伴って、一般に心身が不安定になる時期である。その不安定な中で死別を経験すると、身体症状も出てくることが少なくはない。また友達から特別扱いされたくないという思いもあり、友達と一緒に過ごしたいという気持ちが強くなる傾向がある。誰にどんなサポートをしてもらいたいか、自分でも混乱するため、大人は支援環境をつくりそれを子どもが利用できることを伝えたうえで、温かく見守り柔軟に対応することが重要である。

　アメリカで子どものグリーフサポートに取り組むダギーセンター[8]では、大切な人を亡くした子どもたちを支える35の方法を示している。そのなかで、教師が特に理解しておきたいことをひとつ挙げる。それは、大人は子どものために健全な悲しみ方のよいお手本になろう、というものである。教師は子どもだけでなく、子どもの家族に対応することもあるだろう。亡くなった人は、子どもの親や祖父母、きょうだいや、おじおば、あるいは友達なども想定できる。死別を体験したのは、子どもだけでなく、故人が関係しているすべての人々であり、その中には大人も含まれている。大人は、子どもの前では泣いてはいけない、子どもに対しては明るく元気に振舞わないといけない、などと考えることも少なくはない。しかしそれは、

大人が自分自身のグリーフを隠していることになる。子どもは大人を見て死別にどう対応するのか学ぶ。大人がグリーフを隠していると、子どもも周囲に心配をかけまいと自分の感情を隠すようになることが多いとされている。反対に、大人が積極的に故人の話をしたり感情を表現したりしていると、子どもも積極的に話したり感情を表現してもいいのだと理解していく。教師は、そのことを理解し、子どもの周りの大人にも気を配ることが、子どものグリーフワークを助けることにもつながっていくといえる。

3．死別を体験した子どもへの教師によるサポート

　ここではより実践的に死別を体験した子どもへの教師によるサポート[9]について考えてみよう。

　もし担任しているクラスの子どもが死別を体験したら、まずは当事者である子どもに何をクラスメイトに知らせてほしいか確認することが大切である。その確認は、なるべく子どもが葬儀などを終えて学校に再登校する前に行いたい。そしてその際、教師は当事者である子どものことを大切に考えていて、学校においてもできる限りのサポートをしたいと伝えることができるとよりよい。また並行して、教師は同じクラスの子どもたちに様々な死別（祖父母やペット等）の影響について伝え、どんな気持ちになったか等について、全員で話し合う機会をもつのが好ましい。温かく安全な環境の中で、子どもたちが自分の感情を言葉や創作活動（絵画や工作）等を通して、自由に表現することをサポートするのである。一方、当事者である子どもが学校に戻ることの難しさについて、教師がクラスメイトに話し、クラスメイトはその子どもの立場に立って考え、どんなふうに支えることができるかともに考えることも必要である。「過剰に」親切にしてもらいたくはないだろうという意見が出ることは多いが、これは裏返せば何事もなかったかのように振舞ってもらいたくもないということだ。そこでクラスメイトたちは、当事者に対して、どんな配慮が必要なのか考え学んでいくことができる。またクラスで、当事者の子どもや家族に対して何かできないか一緒に考えることや、当事者の子どもが学校に復帰した後のサポートを柔軟に行う体制を組むことも必要である。

　次に、死別を体験した子どもとそのクラスメイトに対する継続的なサポートについて考えよう。まず大事なのは、教師が子どもたちのよい聴き役になることだ。子どもの話を聴き、教師はその内容を繰り返すなかで、何がその子どもの助けになるか提案も交えて一緒に話し合うことができる。また、日課に従うのも重要である。決まった学級活動などの日課があれば、子どもたちは生活に予測をつけることができるので、今後起こることへの心配事が減り、心の余裕が生まれると考えられている。ただしクラスの一員が不慮の死を遂げた翌日に、予定通り試験を行うなど、日課をこなすことに過度に神経質になることはない。日課をこなすことが子どもたちへのサポートになるのか、あるいは予定を変更して他のプログラムを組むことがよいのか、判断することが必要である。それから、ルールを設けることにも意義がある。死別体験をした子どもは危険な行動をとることがあるため、ルールに従うことによって安全が確保されるのだ。

　以上のようなことを通じて、教師は子どもが自分なりの方法で、安全にグリーフワークを進めることを助けることができるといえる。

　ここで、教師が行うサポートのポイント[10] を示しておこう。

・真実を伝える・子どもたちの話を聴くことに徹する・その子どもを大切に思っていることを伝える・故人の名前を出して思い出を語る・柔軟性を確保しながら生活のなかに必要に応じた日課をつくる・授業中に子どもが何らかのきっかけで故人を思い出しグリーフを示した場合、クラス全体に死別について教える機会と捉える・子どものあらゆる感情を表現できる安全な雰囲気と場所をつくる・死別によって子どもの人生はこれまで通りのものではなく、変化し続けることを説明する・悲しみや怒り等の感情を許容する・死別体験をした子どもたちが集まれる場を学校内に設ける・幼い子どもには死について具体例を挙げて説明する

　また、教師が避けるべき行動は、「もう十分悲しんだだろう」といった言葉をかけたり、「もう悲しみを乗り越えて前に進むべきだよ」といったような励ましをしたりすることである。そして、他の子どもたちと同様に

決められた時間内にすべての課題を終えられることを期待することや、何事もなかったかのように子どもに対応することも、慎むべき行動である。

　教師や周囲の支えにより、子どもは自分が孤独でないことを知り、どんなときも尊重されていると感じることを通じて、自分なりのやりかたでグリーフワークを進めていくことができるだろう。これは、その子どもの世界の再構築ともいえる、子どもの人生における大きな仕事である。この大仕事をサポートすることは、教師にとっても大変なことであり、教師もセルフケアをすることが必要[11]になる。たとえば、死別を体験した子どもについて時間を設けて他の教員とも話すこと、信頼できる人に教師自身の感情を話すこと、グリーフに向き合う時間にはこれで十分というものがないことを理解すること、必要に応じて専門家に相談すること、運動や睡眠の時間や自分自身を振り返る時間をもつこと、等がセルフケアの例として考えられている。

おわりに

　教師は、死別体験が子どもに及ぼす影響について知り、死別に伴う様々な反応としてのグリーフについて知識をもつことが必要である。そして死別に伴うグリーフワークは、子ども自身が自分なりの方法で生涯をかけて取り組む人生の大仕事であると理解することで、教師は子どもの近くで、その取り組みを側面的にサポートする立場をとることができる。グリーフワークは、教師が教え導くものではない。子どもが自分なりのやり方で進めることを柔軟に助ける姿勢で教師がかかわることが重要なのである。そうすることで教師は、子どもが人間として豊かに成長していくことを助けることができるだろう。

注

1) Speece, M.W. and Brent, S. B. (1984) Children's understanding of death : A review of three components of death concept. *Child Deveropment*, 55, 1671-1686.

2) 仲村照子（1994）「子どもの死の概念」『発達心理学研究』5（1），pp.61-71.

3) Nagy, M. (1948) The child's theories concerning death. *Journal of Genetic*

　　　Psychology, 73, pp.3-27.

4 ）White, E., Elsom, B., and Prawat, R. (1978) Children's conceptions of death. *Child Development*, 49, pp.307-310.

5 ）大曲睦恵（2017）『子どものグリーフの理解とサポート－親が重篤な（慢性の）病気、または親を亡くした子どもたちの言動変化に関する研究』明石書店．p.19.

6 ）ダギーセンター（2012）『大切な人を亡くした生徒を支えるために－教師向けガイドブック』全国自死遺族総合支援センター．pp.13-14.

7 ）前掲 6 ）pp.16-22.

8 ）ダギーセンター（2005）『大切な人を亡くした子どもたちを支える35の方法』梨の木舎．

9 ）前掲 6 ）pp.23-29.

10）前掲 6 ）p.27.

11）前掲 6 ）p.29.

いじめ、非行、不登校がみられる中学1年男子への支援

1．事例概要

　良太は中学校1年の男子で、9月に入って部活動（サッカー部）を時々休むようになった。体調がすぐれないと言って遅刻も増えてきていた。10月に入り休みがちになり、週1日ほど登校する状況である。

　良太は、父母、高校2年になる兄の4人暮らしで犬を飼っている。父はスポーツ好きで自動車メーカーに勤める会社員、母は近くのお店でパートとして勤めている。兄は成績もよく将来医者になる夢をもっている。

　サッカー部を休みがちになったとき、部活の顧問が良太に理由を聞いたが、「大丈夫です」という返答であった。母は良太の体調がすぐれないことを気にはしていたが、父が「良太は怠けているから成績が下がるのだ」と強く良太に言うので、何もできなかった。良太は、学校は休むが塾には通っていた。しかしある日、店から良太が万引きした通報が入った。完全不登校になってしまう良太を心配した担任は父母を呼んだが、父は「万引きは店に謝りに行った。また塾に通っているので心配ない」と言い、母は一言も話さなかった。

2．支援内容と経過

　スクールソーシャルワーカー（SSWer）は、担任・学年主任・生徒指導主事と、良太が登校できるようにするためにどのような支援をしていけばよいのか話し合いの機会を設けた。良太は担任や部活の顧問との関係は、弱みを見せたくないのか「大丈夫です」の一言で片付けてしまう。部活での行きしぶりや学校を休みがちになった時にいったい何があったのか、学校はつかめていなかったことから、SSWerが良太の気持ちを聴くことにした。良太との面談を希望したがなかなか会えない。犬好きの良太が散歩にでかける時刻を母に聞き、良太と一緒に散歩することにした。何度か散歩を重ねた結果、良太の気持ちを聴くことができた。以下良太の話でわかったこと。

　　・部活に参加しなくなったきっかけは、練習と言って数人から集中的にボールをあびせられたことや、後片付けをいつもやらされていたからである。顧問が一度はその様子に気づき声をかけたが、「大丈夫です」と言ってその場はすんでいった。
　　・本当はまだサッカーをやりたい気持ちはある。

・万引きは、塾でサッカー部の仲間と会い、脅されてやってしまった。本当のことを話せば、何か仕返しがあるのではないかと思い話せない。

SSWerは、良太からの聴き取りを、学校に伝え、学校復帰を目標に以下の支援計画を立てた。

① 部活内での対応

顧問のみに任せるのではなく、生徒指導担当者・担任らと生徒の気持ちをしっかり受け止め指導する。

② 良太への対応

SSWerと、週1回程度面談する。その中で、身近に良太の気持ちを受け止める教師を見つけ、良太とつなぐ。良太の学校復帰に向けて良太を交え、担任・部活顧問と目標を立てる。

③ 父母への対応

教頭・学年主任は両親には経過を伝えるとともに、特に母親の相談相手としてスクールカウンセラーや養護教諭を紹介する。

3．支援のポイント

【当事者の思いを聞く】

SSWerが教師ではないという身分が、良太にとっては話すきっかけとなった。良太は最初警戒をしていたが犬の話題を通して近づくことができた。犬と話しているということから、良太が犬にどんな話をしているのか聴き出していくうちに部活内のこと、両親についてどう思っているかなどわかってきた。良太から聴いた話はどうすることが良太にとって一番よいことなのか、良太と話し、良太の了解のもと学校に伝えたことは言うまでもない。

【学校全体での対応】

部活の顧問に、部活内のことは任せることは当然ではあるが、今回のような良太に対する複数の生徒との関係の中では難しい。生徒一人ひとりがそれぞれの思いをもっている。だからこそ丁寧に聴き出す必要がある。生徒に関係する担任・学年主任・生徒指導関係の教師が関わったことで、部活顧問の精神的負担なども分散され、多くの教師で見守られていることを、それぞれの生徒も実感することができた。

（水野　みち代）

起立性調節障害の子どものサポート

　子どもが「朝起きられない」と言ったら、どう思うだろうか。このような症状がみられる疾患として、起立性調節障害（Orthostatic Dysregulation：以下、ODと略記）がある。

　日本小児心身医学会[1]によると、ODとは自律神経系の循環調節不全による機能性身体疾患であり、全身倦怠感、立ちくらみやふらつき、失神発作、頭痛、起立時の気分不良、食欲不振、朝起き不良等の症状がみられる。生物学的機能異常と心理社会的因子が様々な程度に混ぜ合わさって発症・経過し、小学生の約5％、中学生の約10％にみられとされる。また不登校を伴うことも少なくなく、不登校の約3〜4割にODが併存するとされる。

　ODの背景には生物学的機能異常と心理社会的因子が関与することから、その治療や支援においては、医学的治療に加え、学校や家庭での心理社会的ストレスを軽減していくことがポイントとなる。その第1歩は、ODの症状が生じる原因や、ODの子どもの身体状態を理解することである。ODはその症状特徴から怠けやさぼりと誤解されやすく、周囲の人から叱責されたり、冷ややかな目でみられたりすることもある。ODの症状により欠席が続き、欠席したことによる学業の遅れや友人関係の変化、周囲の無理解による叱責等から登校困難になり、二次的な障害として不登校に陥るケースもある[2]。周囲の人は、ODは気持ちの問題ではなく身体疾患であると理解し関わっていくことが求められる。

　例えば学校で実際に行われた対応として、体調不良時に退出しやすい教室内での座席配置にする、授業中に水分摂取をすることの許可、夕方からの登校や部活のみの参加を認めること等の事例が見られる。さらに、教員がクラスメイトに対して疾患のメカニズムや心身の状態、欠席理由を説明してくれたことで、周囲から"ずる休み"と誤解されることなくこれまで通りに登校することができたという事例も見られる。

　ODの子どもは、学校の先生に疾患を理解してもらうことや、クラスメイトにこれまで通り接してもらうことを望んでいる[3]。

これらの対応は、ODの子どもの学校での居場所を守り、二次的に不登校に陥ってしまうことを予防する。

　また森川[4]によると、ODの子どもを持つ保護者は、子どもの遅刻や欠席が増えるに従い、勉強の遅れへの不安や焦りから、子どもの学校生活に関連したストレスを抱えることが示されている。特に、学校で柔軟な対応がなされない、症状が理解されていないと親が感じると、学校への不満・不信感が募り親のストレスが増加する。一方で、症状に応じた学校からの配慮や子どもに対するサポートを感じることができると、親のストレスも軽減する。学校と家庭が情報交換をしながら、ともに学校での対応や過ごし方について検討していく姿勢が求められる。

　さらに、近年では各地域での家族会の活動も広がってきている。家族会への参加を通して、同様の経験をした親から進路等の具体的な情報や、情緒的なサポートを得ることができる。こうした社会資源も活用しながら、ODの子どもやその家族を支えていくことが有効だろう。

　以上のように、ODへの正しい理解や対応等の工夫は、症状が悪化したり、不登校といった二次的な問題が生じるのを防ぐことにつながる。当事者の目線に立ちながら、個々の症状や課題に応じてODの子どもたちに関わっていくことが求められる。

（森川　夏乃）

注

1）日本小児心身医学会編（2015）「Ⅱ　小児起立性調節障害診断・治療ガイドライン」『小児心身医学会ガイドライン集——日常診療に活かす5つのガイドライン改訂第2版』南江堂. pp.25-85.
2）村上佳津美（2009）「不登校に伴う心身症状——考え方と対応」『心身医学』49. pp.1271-1276.
3）須田和華子・齋藤直子・加藤幸子・春日晃子・竹下美佳・呉宗憲（2019）「起立性調節障害児の教育現場に対するニーズ調査」『子どもの心とからだ　日本小児心身医学会雑誌』28(1). pp.58-64.
4）森川夏乃（2022）「起立性調節障害の子どもを持つ親の症状経過に伴う心理変容過程の検討」『心理臨床学研究』40(3). pp.200-212.

第4章 「子どもの貧困」の見方

1．はじめに

　2010年代になって日本で「子どもの貧困」が社会の問題として語られ、その対応策が検討されてきた。新聞やニュース番組、厚生労働省や文部科学省等の中央官庁の通知や白書、自治体の行政計画や市民活動のホームページ、新書や専門書など、「子どもの貧困」が登場する媒体は幅広い。このように取り上げられると、日本における「子どもの貧困」は確かなものであるような印象を抱く。

　しかし、「子どもの貧困」を自分自身や身内・友人の生活、地域の活動、職場での様子に引き付けて考えようとするとき、この問題は不確かなものに転化しやすく種々の反応が示される。この反応をいくつか例示しておこう。

　　その１："この地域にある公営住宅には生活保護を受けている世帯が
　　　　　多いようだ。身なりからはあまり困窮しているようにみえないが、
　　　　　実際は大変なこともあるのだろう。自分にできることがあればよい
　　　　　が何ができるのか分からない。"
　　その２："日本でもまだ「子どもの貧困」があるなんて胸が痛みます。
　　　　　ただ、幸いにも私たちの学校（地域）にはあまり当てはまりそうに
　　　　　ありません。わりと豊かな家庭が多いですし、本当に食事に困るよ
　　　　　うな子どもには会ったことがありません。"
　　その３："貧困だと紹介されていた女子生徒がテレビに出ていたが、
　　　　　スマホを持っていた。お金のかかるテーマパークにも行っているら

　しい。それは貧困とはいえない。それで生活が苦しいというのであ
　れば、お金の使い方を見直すべきだ。"

　「子どもの貧困」に対する諸々の反応は、子どもやその親に対する憐憫
や共感、憤り、地域社会や自治体、政府への反感や諦念など様々であり、
真逆ともいえるものも少なくない。これは、誰でも知っている一般用語と
しての貧困＝衣食に欠くという素朴で強い意味とそれを反映する子どもの
状況を、そのまま見て取ることが難しいことに起因しているといえる。社
会的に流布する「貧困」と自分の生活・仕事にあるかもしれない「貧困」
が一致しない。一致していると思っていても、それは各々が抱く貧困像を
一方的に当てはめているだけかもしれない。本章の目的は、このように社
会で確かなことのように語られる「子どもの貧困」を、日常の生活・仕事
に潜む不確かな「子どもの貧困」に結びつけるための見方を提示すること
にある。
　本章でいう貧困とは、社会生活を営むための基本的な必要を満たしてい
ない状態、と理解する。さしあたり、社会生活を営むための基本的な必要
は衣食住だけではないこと、その必要を満たす手段は所得だけではなく
様々な資源があること、所得を含む資源が豊かにあっても個々人に適切に
活用されなければ必要は満たせずに貧困になることに留意されたい。

2．子どもの「6 人に 1 人は貧困」「7 人に 1 人は貧困」の出所

　今日の日本社会で「子どもの貧困」が注目されたのは、2009 年に日本政
府が公表した「相対的貧困率」を契機としている。リーマンショックによ
る経済不安を背景にしながら、政府が公認したかたちとなった「相対的貧
困率」はセンセーショナルに拡散した。この「相対的貧困率」は多くのメ
ディアがこぞって取り上げ、より分かりやすく「貧困率」「貧困」と略さ
れて特集記事や番組もおおく組まれた。しかし、その「貧困率」の「貧困」
は、一般用語としての貧困と必ずしも同じではなく、学術的な見解や統計
的な手法によって「加工」されたものである。
　「相対的貧困率」の数値の特徴を知るためにその算出方法を理解しなけ

ればならない。まず、特定の地理的範囲（この場合は国）全体における世帯所得の中央値の5割を基準として設定する。この基準は、貧困基準ないし貧困線と呼ばれる。その基準となる所得を下回る世帯を「貧困」とみなし、その割合が「貧困率」になる。人口全体の世帯所得の推移によって貧困基準も変わるために「相対的」なものとなる。また、世帯所得は、収入だけでなく公的給付などを加え、かつ税や社会保険料を控除した可処分所得であり、さらに世帯人数の違いを考慮した等価可処分所得である[1]。

　2022年4月時点で最も新しい貧困率は表1の通りである。簡単にみると、いずれの貧困率も2012年までは上昇傾向にあった。しかし、その後は下がっており、2018年の貧困率は全体で15.4%、「子どもの貧困率」は13.5％であった（いずれも旧来の基準での数値）。突出しているのは、大人が1人の子ども世帯であり、低下傾向であるとはいえ2018年でも半数近くの48.1%が貧困線を下回る状況にある。日本の相対的貧困率は他国との比較においても高く、とりわけ大人が1人の子ども世帯の貧困率は最悪水準であることが（相対的貧困率を公表し始めた頃の）『厚生労働白書』等では強調されてきた[2]。

表1　「貧困率の年次推移」（厚生労働省2020）

	1985 (昭和60)年	1988 (63)	1991 (平成3)年	1994 (6)	1997 (9)	2000 (12)	2003 (15)	2006 (18)	2009 (21)	2012 (24)	2015 (27)	2018 (30)	2018 (30) 新基準
	（単位 ： ％）												
相対的貧困率	12.0	13.2	13.5	13.8	14.6	15.3	14.9	15.7	16.0	16.1	15.7	15.4	15.7
子どもの貧困率	10.9	12.9	12.8	12.2	13.4	14.4	13.7	14.2	15.7	16.3	13.9	13.5	14.0
子どもがいる現役世帯	10.3	11.9	11.6	11.3	12.2	13.0	12.5	12.2	14.6	15.1	12.9	12.6	13.1
大人が一人	54.5	51.4	50.1	53.5	63.1	58.2	58.7	54.3	50.8	54.6	50.8	48.1	48.3
大人が二人以上	9.6	11.1	10.7	10.2	10.8	11.5	10.5	10.2	12.7	12.4	10.7	10.7	11.2
	（単位 ： 万 円）												
中　央　値 (a)	216	227	270	289	297	274	260	254	250	244	244	253	248
貧　困　線 (a/2)	108	114	135	144	149	137	130	127	125	122	122	127	124

注：1）1994（平成6）年の数値は、兵庫県を除いたものである。
　　2）2015（平成27）年の数値は、熊本県を除いたものである。
　　3）2018（平成30）年の「新基準」は、2015年に改定されたOECDの所得定義の新たな基準で、従来の可処分所得から更に「自動車税・軽自動車税・自動車重量税」、「企業年金の掛金」及び「仕送り額」を差し引いたものである。
　　4）貧困率は、OECDの作成基準に基づいて算出している。
　　5）大人とは18歳以上の者、子どもとは17歳以下の者をいい、現役世帯とは世帯主が18歳以上65歳未満の世帯をいう。
　　6）等価可処分所得金額不詳の世帯員は除く。

出所：厚生労働省（2020）『2019年　国民生活基礎調査の概況』（p.14）より転載

　このように貧困であるか否かを判断する基準となる所得は、生活保護基準に近い[3]。しかし、それは結果としてそうなっているだけであって、「相

対的貧困率」はそもそも国際比較のために設けられたものである。相対的
貧困であるか否かを判断する基準は、その所得で「衣食に欠く」かどうか、
あるいは基本的な必要を満たせるかどうかを示しているわけではない。

３．隙間を埋める

　やっかいなことは、「相対的貧困率」それ自体が一般用語としての貧困
の意味・イメージとは異なっており、その数値だけでは貧困の実態の理解
につながらないことである。身の回りに潜む「子どもの貧困」をより適切
に理解するためには、「相対的貧困率」を参考にしつつ、その数値では見
えないことを知っておく必要がある。

（１）　自分の地域でも「子どもの貧困」はあるのか
①　都道府県ごとの違い

　厚生労働省が公表した相対的貧困率は全国のデータであって、都道府県
ごとの違いは示されていない。このため、自分自身に関わりのある都道府
県の動向を知ることはできない。このことは、貧困対策に関わる都道府県
の行政計画等を作成する際にも課題となる。このため、沖縄県や大阪府、
東京都、愛知県などは、厚生労働省と同様または独自の貧困基準を設定し、
管轄内の実態を調査している[4]。

　また、何人かの研究者が同一の基準ですべての都道府県別の貧困率を
算出している。それによると、貧困率には地域差のあることが明らかに
なっている[5]。例えば、戸室が示した「貧困率」は「概して、関西から
西の地域と、東北から北の地域で高くなっている」[6]。高い貧困率を示す
上位からみると沖縄37.5％、大阪21.8％、鹿児島20.6％、福岡19.9％、北海
道19.7％が入っており、下位からみると福井5.5％、富山6.0％、茨城8.6％、
滋賀8.6％、島根9.2％が続いている。

②　市町村ごとの違い

　都道府県別の数値は、全国規模の数値よりも、自分自身の生活や仕事の
地域性により身近に引き付けることができる。しかし、都道府県内であっ
ても、その実態は市町村で同じであるとは考え難く、ある程度の差のある

ことは想定される。とりわけ利用する教育・福祉サービスや地方議会の政策審議、市民活動の取り組みなどでは、より身近な地域の実態が問われることになる。

　先の都道府県調査のなかで全市町村を対象としている愛知県調査では、県内を福祉圏域に12分類してそれぞれの貧困率を示している。愛知県全域の「子どもの貧困」は5.9％であったが、圏域によっては4.1％から7.5％まで開きのあることが示されている（貧困線122万円の場合）。しかし、各自治体の（全体を推計できる）数値までは明らかでない[4]。

　これに対して、すべての自治体で実施されている生活保護については、各都道府県が市町村別の被保護世帯数等を集約している。とくに小中学生を対象とする教育扶助の世帯数をみれば、当該自治体の実態を部分的に把握できる。しかし、就学前や義務教育終了後の実態についてははっきりしない。そもそも生活保護の捕捉率（生活保護を利用できる生活水準にある者が実際に生活保護を利用している割合）は1割〜2割程度にとどまる[7]。このため、生活保護（教育扶助）の利用世帯数から「子どもの貧困」の規模を推し量ることも無理がある。仮に生活保護の利用世帯を「貧困」実態の根拠とすれば、利用世帯の少ない自治体では「貧困はほとんど問題にならない」とみなされるおそれがある。

　他方、低所得世帯の小中学生を対象とする就学援助は、利用できる所得基準が生活保護基準1.1倍から1.3倍程度と差があるが、全国的に利用できる制度であり、利用者数もはるかに多い。全国の利用者率（援助率）は「相対的貧困率」とほぼ近似する年もあった[8]。近年は微減傾向にあり2018年度は約15％である。また、就学援助の利用者内訳は、生活保護を要する状態である「要保護者数」と、それに準じる「準要保護者数」で構成されており、全国の比率は概ね1：10である[9]。その利用者数は地方議会で取り上げられることも珍しくなく、役所の担当部署への照会ないし公文書公開の手続き等を通して確認できるものと思われる。もちろん、利用資格のある子どもすべてが実際に利用しているとは限らないために、地域の実態を完全に把握できるわけではないが、被保護世帯のみでは反映されない実態の輪郭を就学援助の利用動向からうかがい知ることは可能であろう。

（2） 所得が少ないことは貧困なのか

　相対的貧困率であれ就学援助であれ、一定の所得水準は「子どもの貧困」を推測するうえで参考になるものの、その詳しい生活実態は依然として不明瞭である。その生活実態の様子をとらえるために、所得水準を基準とすることの限界とそれを補足する見方を理解することが求められる。

①　貧困基準の下と上

　日本政府の示す相対的貧困率は、上述したように貧困線として設定された所得（例：相対的貧困率の貧困線122万円）を基準とし、それを下回る人々を含めるが、それを上回る人々は一切含めない。ここで2つのことに留意しなければならない。

　ひとつは、「貧困の連続性」や「ボーダーライン層」の指摘である[10]。「相対的貧困率」は貧困基準を上回る所得の世帯は含めない。その所得が、貧困基準より100円多くても1000万円多くても同じ扱いである。このため、かりに全体として貧困基準を1000円程上回る世帯が多く存在していたとしても、その人々は全く「可視化」されないわけである。また、相対的貧困率は3年ごとの推移が示されているが、「貧困」ではなくなった世帯が貧困線からどの程度上回った状態なのかも、その数値だけでは分からない。

　もうひとつは、「貧困の深さ（深刻度）」の議論である[11]。相対的貧困率は貧困基準を下回る人々も同じように扱う。このため、「相対的貧困」にあるとみなされた人々でも、貧困線よりもほんのわずか所得が足りない人々と貧困線の半分以下の所得の人々も同じも同様にカウントされることになる。このため、貧困基準がひとつであれば、「貧困」であるなかの生活実態の違いは反映されない。

②　実際に使えるお金は？

　相対的貧困率では、手取り収入に種々の社会保障（児童手当や就学援助等）を加えた世帯所得を可処分所得として扱っていることを紹介した。しかし、それでも実際には、その所得すべてを必要充足に回せるとは限らない。

　例えば、債務の返済が膨らむ場合には実際に使用できる所得は減少する。また、家族や親族が病気や障害を抱えており、その治療費の経費が大きくなる場合も同様である。このような経費は、社会保障の所得認定等で

は考慮されることはない。このため、たとえ貧困線を上回る所得を得ていても、あるいは生活保護基準や就学援助の所得基準を上回る所得を得ていたとしても、生活に使用できる所得は実質的に貧困基準を下回り、子どもが貧困に直面するリスクは高まる。

③　ストック

貧困率も就学援助のような「低所得」対策も、その便宜から対象を把握する際には所得を用いている。それはつまり所得以外の貯金や耐久消費財、自動車、家屋、土地などの資産ないしストックの財を考慮に入れていないことを意味する。同じ所得であっても、そのような資産があるかどうかでは、生活の実態は全く異なる。やや極端にいえば、貧困線以上の所得があるが何ら資産がない家庭の生活水準は、貧困線未満の所得であるが資産が多くにある家庭の生活実態よりも低くなることもありえる。

（3）　子どもにどう回すのか

①　世帯内の配分

誰の貧困であっても、それを所得等で測ろうとする場合には世帯または家族をひとつの単位とすることが主流である。この場合、所得を含む財物が世帯・家族のなかで公平に世帯員に配分されていることを前提する。しかし、女性の貧困に関する研究等で指摘されてきたことは、世帯・家族のなかで資源が公平にわけられるわけではないことである[12]。

子どもの貧困であれば、おおくは親の所得によって判断され、親が「貧困」であれば子どもも「貧困」の問題を抱えており、子どもが「貧困」であれば親も「貧困」の問題を抱えている、とみなされる。しかし、先の指摘を踏まえると、家族の誰かが獲得した所得が、世帯・家族の個々人に公平に配分されているとは限らない。世帯・家族にどれだけ所得等があっても、構成員個々の基本的必要が満たせるように当該所得が配分され、かつ活かされていない状況も考えられる。この状況はおおきく二つに分けることができる。

ひとつ目は、親がその保有・管理する所得を子ども個人の必要充足のために意図的に使用しない状況である。この意図的な抑制は、経済的虐待や

ネグレクト等とみなすこともできる。具体的には、十分な所得のある親が、栄養的・文化的にも適切な食事を子どもが摂れるように働きかけないことや、子どもの社会参加のために要する財物（例えば学校で求められるもの、子どもの遊びに必要なもの）を子どもが必要なときに使用しないこと等が該当する。ただし、親の価値観やこだわりが影響する状況では「虐待」等と容易に判断できないこともあるだろう。

　ふたつ目は、子どもの発達段階や生活場面に沿った必要充足のために親の所得が意図せず適切に活かされない状況である。親の病気や障害と「子どもの貧困」の関連として指摘されることがある[13]。例えば、父親（ないし母親）が仕事で子どもとほとんど関われず、子どもの育児に関わる母親（ないし父親）が抱える精神障害や発達障害の影響で子どもの必要をその都度認識できず、また認識できても十分に応じられないために子どもの必要が充足されない状況が挙げられる。

　また、親の文化経験の違い等が関わることもある。例えば、親が社会保障制度や教育制度が大きく異なる国で生まれ育ったため、日本の制度のメリットを理解できないこと、また学校や役所で配布される文書を読み込めないために、教育や社会サービスの利用がうまくできないことによって子どもの必要充足に支障が生じる状況が挙げられる。

　なお、海外の調査では、親の所得水準は低いにも関わらず、親自身の必要充足を犠牲にして子どもに配分するために、子ども個人の必要は充足している状況があることも指摘されている[14]。

　②　世帯の外からの援助

　世帯・家族以外の援助についても、相対的貧困率はもちろん世帯・家族を単位とする把握では捉えることができない。核家族の進展や居住地の流動化などで相互扶助の機能が弱くなっていることを踏まえても、子育てにおいては親自身の親から援助や助言を受けられるか否かで生活水準は変わり得る[15]。

おわりに

　本章では、日本政府が示す「相対的貧困」の限界を指摘しながら、生活

や仕事に潜む貧困を捉えるための見方を提示した。特定の所得水準や制度利用、世帯の財物などは貧困を捉える目安としては重要であるが、貧困を手軽に捉える魔法の杖は存在しない。単独の統計データや制度の利用だけをもって「貧困」であるか否か、あるいは、経済的に困っているか否かを断定することはできない。子どもや子どものいる家庭を支援する際には、そうしたデータや制度利用を参考にしつつも、けっきょくは、子ども個々の必要を満たすように財物が活かされているかどうか、活かしていけるかどうかを慎重にみていくことが重要になる。

注

1 ）厚生労働省（2020）『2019年　国民生活基礎調査の概況』

2 ）Noda, Hiroya (2015) How does the Japanese Government measure and announce its poverty rate?, *Social Welfare Studies*, Department of Social Welfare School of Education and Welfare, Aichi Prefectural University, Vol. 17. pp.13-18.

3 ）阿部彩（2008）『子どもの貧困：日本の不公平を考える』岩波書店．p.48

4 ）愛知県・愛知県子どもの貧困対策検討会議(2018)『愛知子ども調査分析結果報告書』（https://www.pref.aichi.jp/uploaded/life/192789_462073_misc.pdf 2022/11/30最終閲覧）．
公立大学大阪府立大学（2017）『大阪府　子どもの生活に関する実態調査』（http://www.pref.osaka.lg.jp/attach/28281/00000000/01jittaityosahoukokousyo.pdf 2022/11/30最終閲覧）．
沖縄県子ども総合研究所（2017）『沖縄県子どもの貧困実態調査事業・報告書』（平成20年 6 月12日改訂版）（https://www.pref.okinawa.jp/site/kodomo/kodomomirai/kodomotyosa/documents/1kodomotyousakeizoku.pdf 2022/11/30最終閲覧）．
首都大学東京子ども・若者貧困研究センター（2017）『東京都子供の生活実態調査報告書（小中高校生等調査）』（http://www.fukushihoken.metro.tokyo.jp/joho/soshiki/syoushi/syoushi/oshirase/kodomoseikatsujittaityousakekka.files/01hyousimokuji.pdf 2022/11/30最終閲覧）．
首都大学東京子ども・若者貧困研究センター（2018）『「子供の生活実態調査」詳細分析報告書』（http://www.fukushihoken.metro.tokyo.jp/joho/soshiki/syoushi/syoushi/oshirase/jittaityousabunseki.files/zentaiban.pdf 2022/11/30最終閲覧）．

5 ）戸室健作（2016）「都道府県別の貧困率、ワーキングプア率、子どもの貧困率、捕捉率の検討」『山形大学人文学部研究年報』13．なお、戸室が算出した貧困率の基準は生活保護基準をもとにしている。厚生労働省が示す相対的貧困率とはことなる

ため両者は単純に比較できない。

6）戸室健作（2018）「都道府県別の子どもの貧困率とその要因：福井県に着目して」『社会政策』10(2)．pp.40-51.

7）橘木俊詔・浦川邦夫（2006）『日本の貧困研究』東京大学出版会．pp.124-127.

8）阿部彩（2014）『子どもの貧困Ⅱ：解決策を考える』岩波書店．p.6.

9）文部科学省初等中等教育局修学支援プロジェクトチーム（2019）『就学援助実施状況等調査結果』（http://www.mext.go.jp/component/a_menu/education/detail/__icsFiles/afieldfile/2019/03/28/1362483_16_1.pdf 2022/11/10最終閲覧） 2011年度以降は「被災児童生徒就学援助事業 対象児童生徒数」が追加されている。

10）岩田正美（2007）『現代の貧困：ワーキングプア／ホームレス／生活保護』筑摩書房．p.66-67．阿部彩（2019）「指標からみる子どもの貧困」松本伊智朗・湯澤直美編／松本伊智朗編集代表『子どもの貧困1 生まれ、育つ基盤：子どもの貧困と家族・社会』明石書店．p.265.

11）岩田正美（2007）同上．pp.73-74． 阿部彩(2016)「解説 日本の子どもの格差の状況」『イノチェンティ レポートカード 13 子どもたちのための公平性：先進諸国における子どもたちの幸福度の格差に関する順位表』ユニセフ・イチェンティ研究所．pp. i - ii（https://www.unicef.or.jp/library/pdf/labo_rc13j.pdf 2022/11/10最終閲覧）

12）丸山里美（2017）「貧困把握の単位としての世帯・個人とジェンダー」松本伊智朗編『「子どもの貧困」を問いなおす：家族・ジェンダーの視点から』法律文化社．丸山里美（2019）「近代家族の特質と女性の隠れた貧困」松本・湯澤編／松本伊智朗編集代表．前掲.

13）阿部彩（2014）前掲．pp.46-48.

14）丸山里美（2019）前掲．p.162.

15）鳥山まどか（2019）「ひとり親世帯の貧困：所得と時間」松本・湯澤編／松本伊智朗編集代表．前掲．pp.185-186.

付記

本稿は野田（2020）「『子どもの貧困』の理解」（『社会福祉研究』22．pp.39-44.）の一部を修正したものである。

母親から身体的・心理的虐待を受けた中学2年女子への支援

1．事例概要

　3学期の始業式の日、母親から「娘が言うことをきかなくて困っている」と泣きながら欠席連絡があった。翌日、登校した愛子に担任が事情を聞いた。1ヵ月前に母親から殴る、蹴る、髪の毛を引っ張るなど暴力を受けたり、「あんたなんか産まなければよかった、死ね」と罵られたりしたことを話した。早速、担任から今後どう対処していけばよいかとスクールソーシャルワーカー（SSWer）に相談があり、愛子と面談を行った。同時に虐待に関しては担任、管理職に相談して児童相談所、市教育委員会に通告するようにお願いをした。

　愛子の家族は母(介護職)、兄(専門学校生3年・異父)の3人の母子家庭。姉(23歳・異父)はネットで知り合った男性との間にできた女児（4歳）と生活しているシングルマザー。母親は2度離婚をしている。1度目の相手は母親への身体的暴力、2度目の相手は女性関係の上に借金をするなど金銭面にルーズであったようで、今でも母親は借金返済をしている。実父と母親は愛子が幼児の頃に離婚した。離婚後、母親はダブルワークで働き生計を立てている。兄と愛子は仲が悪く、あまり会話もない。姉は近くに住んでいるが、仕事と子育ての両立で忙しい。

2．支援内容

　管理職、担任、学年主任と話し合い、まずは事情を把握し、母親と愛子の思いを聴くために面談を行うことを決めた。また、愛子と母親との関係を良好にする、高校進学を目指して進路情報を伝える、学習面のサポートをして希望をもたせることを支援目標として以下の支援計画を立てた。

　　①担任は母親とは話がしにくいのでSSWerが母親と面談する。

　　②定期的に担任が母親に電話連絡を行い、愛子の学校での様子を知らせる。特に頑張っている面を伝え、愛子のよい面を認めてもらうようにする。

　　③学習面の遅れを取り戻すために、学習補充を学年の先生方に依頼する。高校進学に向けて、就学援助、奨学金制度等の福祉サービスを紹介する。

3．支援の経過

　愛子とは雑談をしながら関係づくりを行った。愛子の面談から母親の暴力や暴言の理由について思い当たることは、2学期の後半から深夜に同じアパート

の友達の家に遊びに行ったこと、母親に内緒で繁華街に男友達と行き、夜遅くまで遊んでいたことや家事をさぼったことがばれたこと、中学校卒業後は働くように言われて口答えをしたことではと言った。母親の仕事は夜勤の介護職と昼勤のコンビニのパートで、ほとんど家にはいない。家事は愛子が主に行っており、夜勤から帰宅すると食事の用意や洗濯物など家事をしっかりやっていないとかなり怒るそうだ。面談の2回目では「夜は母親がいなくて寂しい。兄は部屋に閉じこもって会話もない。だから深夜に友達の家に遊びに行ったり、男友達と携帯で話をしたりした。その携帯も取り上げられた。何のために生きているのかわからない。母親が怖いから約束は守っている」と話をした。

　母親とは面談を3回行った。母親は「愛子には姉や自分の様になってほしくないと思い、厳しく育ててきて思わず手を挙げてしまった。自分に内緒で出歩いたりしたことも許せなかったし、母親の思いが伝わらずに寂しかった。自分も父親に殴られて育ち、家を出たくて結婚したが、失敗した。今は、借金返済や生活費を稼ぐことで精一杯。高校へは行かせたいが、成績もあまりよくないので、中学校を卒業したら働いて家にお金を入れてほしい」と話した。愛子の寂しい気持ちを伝え、暴力行為を無くすことや会話の時間を増やすこと、家事は兄と分担して愛子の負担を減らすことなどをお願いした。学校側からは進路について様々な選択肢や就学制度があることを伝えた。また、授業後は苦手科目を中心に学習補充や支援を行った。

4．本事例の支援のポイント

　本事例は虐待行為の背景に家庭環境、家族関係、貧困があった。母親自身も虐待されて育ってきた期間があり、暴言・暴力の手段以外に子どもにどうやって関わってよいかわからないできた。結婚生活の失敗、人間不信と自己肯定感の低さもあり、それらが愛子に影響していた部分があった。母親への支援では、心情を聴くことや自己肯定感の向上と自身の変容に向けて話し合った。愛子と母親の面談を通してお互いの良い面をフィードバックしながら、思いや気持ちを伝えたり、わだかまりや誤解を解いたりしてきた。愛子には将来を見据える視野と家族や自分を大切に思う気持ちをもつことも面談の中で話題にした。愛子にとって高校進学は希望であり、目標なので進学に関しての情報は励みになったようで、母親との約束で無断で外出しない、深夜に出かけないことを守るようにしている。母子関係の再形成が虐待防止につながり、学年の先生方の温かい支援や学習面でのサポートがあって、進路に意欲をもって落ち着いた学校生活を送ることができた。

（酒井　多輝子）

第5章　子どもの心身をめぐる問題状況と貧困
－生活困難と子どもの健康格差－

稲嶋　修一郎

はじめに

　近年、さまざまな生活困難の中でも貧困や社会経済的格差が子どもの心身の健康に及ぼす影響が注目されている。近年の国内外の研究から、社会経済的格差が、教育格差や情報格差あるいは生活行動格差に影響を及ぼし、子どもの発達、健康格差に関係していることが明らかになりつつある。本章では、このような生活困難、主に社会経済的格差や子どもの貧困に関連した子どもの「健康格差」や「発達格差」などの現状や問題点を的確にとらえ明らかにすることで、効果的な取り組みを考えるうえでの一助としたい。

1．子どもの健康はどのように考えられてきたのか

　日本では、日本国憲法第25条において、「すべて国民は、健康で文化的な最低限度の生活を営む権利を有する。国は、すべての生活部面について、社会福祉、社会保障及び公衆衛生の向上及び増進に努めなければならない」とし、人々の健康な生活の権利が述べられている。この憲法の精神に従い、児童に対する正しい観念を確立し、すべての児童の幸福を図るために、1951年には児童憲章も制定されている。このように、現在では子どもの健康は社会をあげて擁護されなければならず、実現に向けて不断の努力が求められていることがわかる。

　人々の健康を規定する要因としては、遺伝、環境、ライフスタイル、保健医療体制などがあげられるが、最近、人々を取り巻く社会経済的環境や心理社会的環境が健康に重要な影響を与えていることが明らかになりつつ

あり、これらの要因は健康の社会的決定要因と呼ばれている。WHOは、健康の社会的決定要因には、1．社会格差、2．ストレス、3．幼少期、4．社会的排除、5．労働、6．失業、7．社会的支援、8．薬物依存、9．食品、10．交通の影響などが含まれるとしており、健康状態に大きく影響していることがわかっている[1]。また、子どもの貧困と世代間の貧困の連鎖は、人々の健康の向上と健康の不公平性の低減に対する主要な障害となると考えられることから、貧困に対する対策は重要な課題であることが認識されている。

2．日本の子どもにおける「健康社会格差」の実態

　近年、日本においても「健康の社会格差」の存在が明らかとなってきている。例えば、教育を受けた年数が短い人は、長い人と比べ、死亡リスクが約1.5倍ほど高く、所得が少ない人は、多い人より、同リスクが2倍程度高いことが報告されている[2]。

　健康は、われわれが充実した人生を送るための大切な土台であり、現存する健康の社会格差を小さくする方策はないのであろうか？

　親の低所得などにより、子どもが胎児期から幼少期にかけて低栄養やストレスにさらされると、健康への悪影響は長期におよぶことがわかっている。幼少期に家庭の社会階層が低いと、成人後の心臓病、脳卒中、肺がん、胃がんなどの死亡率が高いことが報告されている[3]。つまり、人生の初期から健康の格差が始まる可能性がある。

　近年、日本では低体重で生まれる子どもが増えている。胎児の発育と格差・階層との関係を調べるため、2001年に生まれた新生児約4万人のデータを分析した調査では、ジニ係数が高い（＝所得格差が大きい）都道府県では、子どもが低体重で生まれるリスクが約1.2倍高いことが報告されている[4]。特に父親の学歴が低い家庭において、居住する都道府県の所得格差が大きいと、子どもの出生体重が小さい傾向があった。出生体重の小さい子どもは、成人時の糖尿病になるリスクが高いことなどが知られており[5]、日本においても生まれた地域や家庭の違いによって、将来の罹患する病気のリスクが影響を受ける可能性がある。

111

　また、15歳時に家族の所得が低いと、その後において低学歴、貧困になるリスクが高く、成人後の幸福感と主観的健康感も低い傾向にあることが明らかになっている[6]。近年、児童虐待の報告件数も増加しており、虐待やネグレクト（育児放棄）、学校でのいじめの経験者では、学歴や所得が低くなったり、人間不信になることで他者からのサポートを受けにくくなり、成人後の幸福感、健康感が低下していた[7]。しかし、上記の影響以上に、子ども時代のつらい経験そのものの影響が大きく、成人になってからの幸福感、健康感を直接的に低下させていた。また、成人になってからの所得やサポートの状態が良好であろうと、子ども時代のつらい経験の影響が弱まるわけではないことも明らかとなった。これらの結果は、子ども時代に貧困や虐待を経験した人を、成人になってからサポートするだけでは不十分であり、子どもの貧困や虐待、いじめそのものを減らす対策が必要であることを示唆している。

　今後、安心して暮らすために、われわれができることは何であろうか。社会階層が健康に影響するメカニズム（図1）を参考に、健康社会格差によるダメージから自分や大切な人の健康を守るには、「ストレスと上手につきあう」「人間関係を豊かにする」「健康に悪い生活習慣を改める」「地域や職場のコミュニティーの絆を大切にする」ことなどが考えられる[8]。

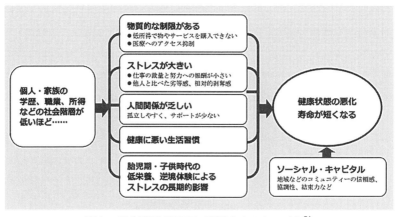

図1　社会階層が健康に影響するメカニズム[8]

　さらに、「健康を損なったのは自分のせい」などと自己責任のみでかたづけないことも大切である。われわれの健康問題には、本人の努力では対処しきれない社会的な要因が確実に存在している。したがって、これらに対処するためには、国や自治体が政策として取り組むべきと考えられる。生活に困るほど所得が少ない人々の健康は、低所得による物質的な制限と、相対的剥奪（他人と比べて不満や欠乏の気持ちを抱くこと）による心理的ストレスといった二重のダメージを受けている。効果的な政策としては、最も所得の少ない層への重点的な支援が必要である。特に子どものいる貧困層への重点の支援により、生まれたときから始まる健康の社会格差を解消する必要がある。さらに、所得格差の拡大を防ぐことも重要である。現在、日本のジニ係数は0.33程度（2019年）であり、この数値が0.3を超えていると、0.05上がるごとに死亡率が9％増えるとの推計がある[9]。日本の死亡率の9％の増加は、約11万人の死亡者増加に相当し、この死亡者にはすべての社会経済的階層が含まれる。

　このことから、貧困層を支援し、所得格差の拡大を防ぐ政策を実施することは、貧困層だけでなく、あらゆる社会経済階層を含む全国民の健康を守ることにつながると考えられる。

3．子どもの健康格差解消に向けての注目すべき自治体の取り組み

　近年、注目すべき自治体の取り組みとして、東京都足立区の「子どもの健康・生活実態調査」[10]がある。この調査は、子どもの健康や生活の実態と「生活困難」との関係性について分析を行い、その結果から顕在化した傾向や要因について報告している。本章では、この調査が最初に行われた2015（平成27）年度の結果とその分析の内容を紹介しながら子どもの健康に対する貧困に向けた効果的な取り組みについて考えたい。

　この調査の背景として、足立区民の健康寿命は、東京都の平均と比較して約2歳も短いという健康格差が存在していた。足立区は、その主な要因の1つとして糖尿病に着目し、健康寿命を延ばすための「足立区糖尿病対策アクションプラン」を策定した。糖尿病などの生活習慣病予防には、子どもの頃から食事や運動習慣等正しい生活習慣を身につけ、継続していく

必要がある。そのために、足立区は、まず正確に子どもの健康と生活の実態を調査、把握し、それに基づいて健康格差対策を立てる必要があると考え、「子どもの健康・生活実態調査」を実施した。

　この調査の目的は3つあり、1．子どもの健康と生活の実態を把握すること、2．子どもの健康が家庭環境や生活習慣からどんな影響を受けているか明らかにすること、3．子どもの健康と世帯の経済状態にどんな関連があるか明らかにすることであった。

　調査対象は、足立区立の小学校に在籍する1年生全員（5,355名）であり、無記名アンケートを配布し、有効回答4,291名（回答率80.1%、約90%は母親が回答）を集計、分析した。

　この調査では、子どもの貧困を経済的な困窮だけでなく、「子どもの生活困難」ととらえ、1．世帯年収300万円未満、2．生活必需品の非所有（子どもの生活に必要と思われる物品や5万円以上の貯金がない）、3．過去1年間のライフラインの支払い困難経験、のいずれか1つでもあてはまる世帯を「生活困難世帯」とみなし、その結果、1,047世帯（24.8%）がこの「生活困難世帯」に該当した。

　その後、非生活困難世帯と生活困難世帯を比較、検討した（図2）。その結果、生活困難世帯はそうでない世帯と比べると、朝食を欠食する子どもが多い、運動習慣をもつ子どもが少ない、テレビ・動画の視聴時間が長い子どもが多い、読書習慣が少ない子どもが多い、むし歯の本数が多い、麻しん・風しんのワクチン予防接種（自己負担なし）を受けていない子ど

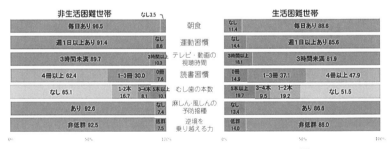

図2　非生活困難世帯と生活困難世帯の比較[10]

もが多い、逆境を乗り越える力（自己肯定感、自己制御能力など）が低い子どもが多いことなどがそれぞれ明らかとなった。

　これらの結果から、生活困難は多くの生活習慣等の項目で子どもの好ましくない状態の割合を高めていることがわかる。この状態を改善するための方策を立てるためにはどうたらよいのか。次に、子どもの健康状態に対して「生活困難」と「（家庭環境、生活環境など）変えていくことが可能な要因」が、どの程度影響をしているのかを明らかにするため媒介分析が行われた。この分析は、すぐには変えることが難しいと考えられる「生活困難」が直接的に影響している割合と、家庭環境や生活習慣などの比較的「変えていくことが可能な要因」である間接的に影響している割合を数値化することで、「生活困難」が起因する子どもの健康状態の改善の方策を考えるうえでの大きな助けとなると考えられる（図3）。

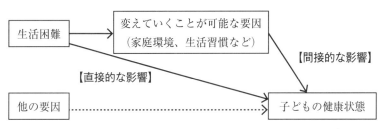

図3　子どもの生活困難と健康の関係をつなぐ媒介モデル[10]

　子どもの健康状態として重要と考えられる3項目（1.「逆境を乗り越える力（自己肯定感など）の低さ」、2.「朝食欠食」、3.「むし歯」）がそれぞれピックアップされ、媒介分析が行われた。その結果、1.「子どもの逆境を乗り越える力（自己肯定感など）の低さ」に「生活困難」が与える影響の割合は約15%であった（図4）。このうち、「生活困難」の直接的な影響は5.2%、間接的な影響は93.8%（親のメンタルヘルス11%、朝食欠食8%、運動習慣8%、読書習慣7%、相談できる人5%、自由なおやつ摂取5%）と算出された。同様に、2.「子どもの朝食欠食」に「生活困難」が与える影響の割合は約21%であった。このうち、間接的な影響は54.2%（親のメンタルヘルス9%、

歯磨き習慣7％、遅寝6％、逆境を乗り越える力4％）であった。さらに、3.「子どもの5本以上のむし歯」に「生活困難」が与える影響の割合は約15％であった。このうち、間接的な影響は60.5％（インフルエンザワクチン未接種13％、ジュースの摂取8％、留守番5％）であった。

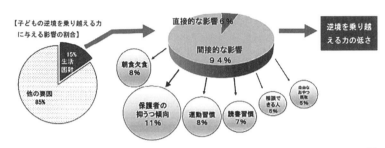

図4　子どもの逆境を乗り越える力（自己肯定感など）の低さの媒介要因[10]

　図5は、保護者が困った時に相談できる相手の有無により、子どもに健康問題があらわれる割合を示したものである。保護者が困った時に相談できる相手がいる世帯は、相談相手がいない世帯よりも、子どもに健康問題があらわれる割合が少ないことがわかった。さらに、ワクチンを接種していない子どもの割合は、相談相手がいる世帯は、相談相手がいない世帯より少なかった。

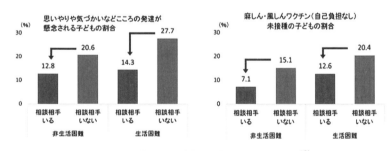

図5　保護者に相談相手がいることが大切[10]

　以上、足立区の「子どもの健康・生活実態調査」調査結果より、明らか
となった傾向は以下のとおりであった。

**1．生活困難世帯では、むし歯の本数が多い傾向があり、予防接種（自己
　負担なし）も受けていない割合が多い。** ただし、子どもの医療費が無料（公
　費負担）であることをふまえると、経済的な理由だけでなく、保護者の
　子どもの健康に対する関心やそのための時間の確保が可能かなどの要因
　も影響している可能性がある。

**2．運動や読書習慣により、生活困難な状況にあっても逆境を乗り越える
　力（自己肯定感など）を培える可能性がある。**

**3．困ったときに保護者に相談できる相手がいると、生活困難の影響を軽
　減できる可能性がある。**

**4．子どもを取り巻く家庭環境や生活習慣を変えていくことで、子どもの
　貧困の連鎖を軽減できる可能性が確認できた。**

　足立区のこの試みは、子どもたちの健康格差の現状を正確に把握するこ
とができ、格差解消に向けた施策（「未来へつなぐあだちプロジェクト」）に
効果的かつ素早く反映させられることにつながることから、今後も改良を
加えながらも継続されることが期待される。

4．子どもの貧困と健康格差において学校が担える役割とは

　近年、子どもの貧困が政策課題として認識されるようになり、2014年に
閣議決定された「子供の貧困対策に関する大綱」において、学校を貧困の
プラットホームとして位置づけることが明記された。これらをふまえ、本
章においてこれまでみてきたように、「生活困難」の子どもたちとそうで
ない子どもたちにおいて健康格差が顕著になりつつある今、子どもの健康
を守るために学校では何をするべきであろうか。

　これまでも、学校では「健康教育」や「食育」といった知識を提供する
ことにより、子どもや保護者の行動に影響しようとするアプローチ（「知
識提供型アプローチ」と呼ぶ）[11] での支援は行われてきた。しかし、このよ
うな知識のみを提供するような啓蒙・教育活動は、健康格差を広げる可能

性があると指摘されている[12]。この理由としては、社会経済階層の高い人々は与えられた知識や情報をすぐにでも活用することができる一方、社会経済階層の低い人々はそれらを活用することを阻む主に以下3つの制約があると考えられている[13]。1．情報へのアクセスが難しいこと。健康に関する情報（書籍、雑誌やインターネットなど）にアクセスする手段にも経済的資源が必要であり、アクセスするための時間的余裕や知識にも社会経済階層による格差が存在すること。2．届いた情報に基づいた生活様式に変えるには、金銭的、時間的余裕が必要であることが多く、社会経済階層の低い人々には難しい可能性があること。3．情報や生活様式を変えるための資源があっても、社会経済階層の低い人々には実行するための気力やモチベーションが少ない場合があること。

　このように、知識提供型健康アプローチに限界がある中で、最近では、子どもの健康に直接働きかける動きが増えている。例えば、「食」に関して「子ども食堂」の取り組みが広がっている。運営は大多数が民間のNPO等だが、最近では自治体による取り組みが始まるなど、子どもに栄養バランスの取れた食事を直接提供している点で注目できる。また、困窮している家庭に直接食糧を届けるフードバンクの取り組みも徐々にではあるが確実に広がりつつある。

　一方、学校や教育の場においては、知識提供型アプローチに加え、直接的に子どもの健康に働きかけるアプローチ（直接関与型アプローチ）も取り入れられるのだろうか。

　H県の公立学校では、フードバンクと提携し、週に2回程度希望する生徒に簡単な朝食を提供しているところがある。また、ある自治体においてもNPOと連携して公立小学校で朝ごはんを提供し、食後に歯磨きの指導も行い、食育・健康指導を兼ねた取り組みをしている。これらのように、まだ限定的、試行的ではあるが、教育の現場においても直接関与型アプローチの取り組みを行うことは充分に可能であると考えられる。さらに、学校の健康診断は子どもの健康状態を把握する手段であり、家庭状況をうかがい知る重要な機会になりえる。むし歯が極端に多かったり未処置の子ども、栄養が偏っていると思われる子どもなどは、貧困のサインを出していると

考えるべきである。健康診断などをきっかけに、家庭におけるさまざまな問題をみつけることができ、そこから、家庭に必要な支援が届くようにするという意識を教育の現場でもつことが重要であると考えられる。

　貧困による子どもへの影響は家庭環境が強く関連しており、子どもへの支援のためには、親への支援も必要である。そのため、さまざまな分野の支援が必要であり、学校が「子どもの貧困対策のプラットホーム」となりうる支援を行うために幅広い支援網を構築する必要があると考えられる[13]。

おわりに

　本章では、子どもの生活困難、特に社会経済的格差や貧困に関連した子どもの「健康格差」を的確に捉えることを目的に、現状や問題点、注目すべき自治体の取り組みや果たすべき学校の役割などについて述べた。

　今後、すべての子どもたちが生まれ育った環境や条件等に左右されることなく健康に成長することができ、将来の夢や幸福に希望が持てる社会を目指すためには、できうる限り正確に現状を把握し分析することで、国、自治体、学校、個人等、それぞれのもちうるリソースに応じた取り組みを考え、確実に実行することが求められている。

注

1 ）WHOヨーロッパ事務局（2004）『健康の社会的決定要因：確かな事実の探究　第2版』

2 ）近藤克則 他（2012）「高齢者における所得・教育年数別の死亡・要介護認定率とその性差－AGESプロジェクト縦断研究－」『医療と社会』22(1)．pp.19-30.

3 ）Galobardes B et al. (2004) Childhood socioeconomic circumstances and cause-specific mortality in adulthood: systematic review and interpretation. *Epidemiol Rev*, 26, pp.7-21.

4 ）Fujiwara T et al. (2013) Income inequality, parental socioeconomic status, and birth outcomes in Japan. *Am J Epidemiol*, 15. 177 (10), pp.1042-1052.

5 ）Whincup PH et al. (2008) Birth weight and risk of type 2 diabetes: a systematic review. *JAMA*, 24;300 (24), pp.2886-2897.

6 ）Oshio T et al. (2010) Child poverty as a determinant of life outcomes: Evidence from nationwide surveys in Japan. *SocIndis Res*, 99, pp.81-99.

7 ）Oshio T et al. (2013) Childhood Adversity and Adulthood SubjectiveWell-Being: Evidence from Japan. *J Happiness Stud*, 14, pp.843–860.

8 ）川上憲人（2014）「日本の「健康社会格差」の実態を知ろう」研究成果の報告「平成21 ～ 25年度文部科学省科学研究費　新学術領域研究（研究領域提案型）現代社会の階層化の機構理解と格差の制御：社会科学と健康科学の融合」

9 ）Kondo N et al. (2009) Income inequality, mortality, and self rated health: meta-analysis of multilevel studies. *BMJ*, 10;339, pp.4471.

10）足立区・足立区教育委員会・国立成育医療研究センター研究所（2016）『子どもの健康・生活実態調査　平成27年度報告書』https://www.city.adachi.tokyo.jp/kokoro/fukushi-kenko/kenko/kodomo-kenko- chosa.html（2022/6/30最終閲覧).

11）阿知悠子（2019）「子どもの体格と社会経済要因」報告資料「公開シンポジウム：子どもの貧困と「食」格差：政策は何ができるか」日比谷コンベンションホール. 2016/12/14.

12）Frohlich KL., Potvin L (2008) Transcending the Known in Public Health Practice: the inequality paradox: the population approach and vulnerable populations *American Journal of Public Health*, 98(2), pp.216-221.

13）阿部彩（2017）「子どもの貧困と健康：学校の役割」神尾陽子ほか編著『子どもの健康を育むために　医療と教育のギャップを克服する』公益財団法人　日本学術協力財団. pp. 49-66.

リストカットと家族関係の問題を抱えた中学3年女子への支援

1．事例概要

　1学期の後半、直美（中3）の左腕にリストカットの傷跡が数か所あるのを養護教諭が発見した。本人に問いただすと、リストカットは6月頃から学校のトイレで数回行っており、両腕、左右の首、足を傷つけていた。また自殺願望もあり「死ななければ明日がつらい。でも怖くて死ねない。リストカットは自分が楽になるためにやっている。赤い血を見ると痛いという実感はなく生きている証、心がやすらぐ」と訴えた。夏休みに友達の家で遊んでいたが、母親が迎えに来て塾に行くようにきつく言われると、母親の目の前で威嚇するようにリストカットをした。2学期に入り、直美の行動がさらに悪化したために、学年を中心に管理職やスクールソーシャルワーカー（SSWer）も交えてケース会議を行った。母親と学校側の関係はあまりよくなく、SSWerが母親と面談をすることになった。直美の家族は両親、祖母、姉（高3）の5人。父親は海外で仕事をしており、年に1回帰国して20日ほど一緒に生活する。母親は自宅で英語教室、祖母はピアノ教室を開いている。姉は自慢の娘である。地元の進学校に通っており、中学校の時は成績もよく、生徒会長を務めるなど明朗活発な生徒であった。消極的な直美は子どもの頃から姉と比較されて育てられてきた。

2．支援内容

　学年関係教員、管理職、養護教諭、SSWer参加によるケース会議を2回開き、以下の支援計画を立てた。

　①学校、学年体制で直美の見守り、支援、相談活動を行う。授業、放課後、部活動、下校時間のスケジュールに配置する教師を決めて対応を実施する。

　②養護教諭や担任が相談活動を主に行い、入院治療も視野に入れて精神科専門病院の受診を勧める。

　③SSWerが母親との面談を行い、母親への支援をする。また精神科専門病院や関係機関とつながるようにする。

3．支援経過

　直美は気分が悪くなった時や授業に出られない時は保健室に駆け込んで、悩みや愚痴や心情を養護教諭に話をしていた。チック症もみられ、視点も合わない能面の様な顔つきであり心配なので、養護教諭や担任から病院の受診を勧め

てみた。心が軽くなるなら、母親がよいと言うなら受診したいと表情は明るくなった。その夜に、病院の受診について母親に話をしたが、拒否された。翌日はトイレに立てこもり、首にリストカットをした。

　7月末から母親と面談を開始する。教育熱心で意のままに養育しており、学習面はできて当たり前という考えであった。世間体を気にしており、リストカットや自殺願望も「死んだら他人に迷惑をかける。病院に入院したら子どもを見捨てる、将来にひびく。欠席すると内申点が下がり、希望校に入れない」と言われた。体調が悪い直美を無理やり登校させ、担任の前で叱咤激励する場面もあった。母親はこれまで一人で抱え込んできた悩みや鬱積を一気に涙ながらSSWerに話をした。まずは、直美が苦しい日々を過ごしてきたことや母への思い等々を代弁した。命と進路の選択、治療による症状の軽減等々を母親の気持ちを受け止めながら話をした。母親は今まで自分の考えを押し付けていたことを反省し、直美に自尊感情や自己肯定感をもたせるためにも褒める、認める、愛情を示すなど言葉の投げかけや接し方を工夫するようになった。

　徐々に母親の表情は明るくなり、病院への受診も承諾した。定期的に受診をし、母親もカウンセリングも受けることになった。家庭では病院の宿題のエクササイズを二人で楽しんで行うようになり、母子ともに徐々に精神的に安定してきた。ケース会議では直美が安全、安心して学校生活が送れるように支援方法を考えた。全職員が連携して「部活動や放課時は一人になる時間帯を作らない。トイレの滞在時間に気に掛ける。泣く、固まるなど諸言動で気になった場合は相談室や保健室で話を聴き、落ち着いたら教室に戻す」などを周知徹底した。11月頃父親の帰国もあり、精神的に浮き沈みはあったが、進路を意識して毎日登校するようになった。その頃にはリストカットは収まってきた。また、姉の元担任から姉は人一倍努力していたと聞いて自分も努力しなければと思い始めた。2学期の後半、進路を決める時期の面談では母親は「進路は本人の選択に任せる、直美を見守る」と言うまでになった。進路先は担任と話し合って私学高校を推薦で受験することに決め、母親も納得して応援をすることになった。

4．支援のポイント

　直美の心身の安全・安心できる場を全職員が協働で確保したこと、様々な行事や学級活動を通して力量を発揮できる機会をもたせたことが自尊感情や自己肯定感、自信を高めることにつながった。面談では母親の心を解きほぐし、これまでの努力を認め直美の将来について一緒に考えるようにした。また、直美を一人の人格ある人間としてみること、母子の共依存の関係を修正し関係の再構築を図るように助言した。母子関係が良好になるにつれて、直美は心身ともに健康になり、学校生活も明るくなってきた。　　　（早川　真理・酒井　多輝子）

第6章　子ども虐待のとらえ方と児童相談所における対応

村田　一昭

はじめに

　2000（平成12）年に児童虐待の防止等に関する法律（以下、児童虐待防止法）
が施行されて以来、子どもへの虐待に対する社会的関心は高まり続けてい
る。さらに、2018（平成30）年には体罰の禁止規定が児童福祉法に盛り込
まれ、子どもへの虐待に対する抑止的効果が期待されている。しかし、そ
の後もしつけと称した子どもへの虐待は発生しており、それによって、命
を落とす子どもたちも少なからず存在している。

　なぜ、このようなことが起こるのだろうか。そして、そもそも、子ども
への虐待とは、どのように理解したらよいのであろうか。加えて、子ども
への虐待に第一線で対応する児童相談所は、どのような対応するのであろ
うか。この章では、子ども虐待の捉え方とそこに関わる児童相談所の対応
の実際とその役割について考える。

1．子ども虐待の実態

　図1は、1990（平成2）年度から令和2（2020）年度の児童相談所が受理し、
対応した虐待ケースの件数の推移を示したものである（図1「児童相談所
における虐待相談対応件数の推移」参照）。2021（令和3））年度には21万件を
超えており、これは、児童相談所が受け付けるすべての相談の約4割程度
を占めている。

　図でも示してあるように、現在に至るまでには、新聞の全国紙にも掲載
されるような悲惨な虐待死事件が発生している。また、一方で、児童虐待
防止法の制定および改正をはじめとした制度の整備も進められてきてい

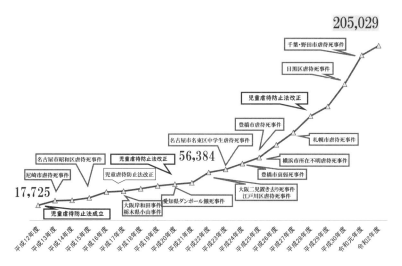

出典：厚生労働省ホームページ「令和3年度　児童相談所での児童虐待相談対応件数（速報値）」より筆者作成

図1　児童相談所における虐待相談対応件数の推移

る。このような虐待死事件の発生を防ぐための制度の整備が社会的関心を高め、相談対応件数を増加させる要因ともなっているといわれている。

　子どもへの虐待問題に対する社会的関心は、この20～30年間に急速に高まり、広がったわけであるが、子ども虐待研究の第一人者である才村純は「大昔から子どもへの虐待は存在していたが、社会的には黙認され続けてきた」と述べている[1]。さらに才村は「なぜ黙認され続けてきたのか」ということについて、社会の絶対的貧困と子どもの権利に対する圧倒的な意識に希薄さ（子どもの人権・権利に対する意識の貧困状態）を理由に挙げている[2]。この社会の絶対的貧困と子どもの権利に対する圧倒的な意識に希薄さによって引き起こされてきた虐待のことを池田由子は「社会病理としての虐待」[3]、また鈴木敦子は「貧困社会型の虐待」と表現している[4]。つまり、社会全体が貧しかった時代には、「家、家族のためには仕方がないこと」として容認され、社会的に問題視されることはがなかったということである。それが、1989（平成元）年の国連による子ども権利条約の採択を契機として、子どもの権利に対する意識の高まりとともに、権利侵害

の最たる例ともいえる子どもへの虐待への関心が高まったことが現在につ
ながっている。つまり、図に示された数字は、子ども虐待のみならず、子
どもの権利への意識の高まりといってもよいといえる。

2．子ども虐待の捉え方

（1）　児童虐待防止法による子ども虐待の定義

　児童虐待防止法では、子ども虐待を次の4つのタイプの行為と定義して
いる（図2「子ども虐待の内容」参照）。

　身体的虐待とは子どもに対して暴力を振るうことということであり、性
的虐待とは子どもに対して性的な行為をしたりさせたりする行為を指して
いる。ネグレクトとは、保護の怠慢・拒否ないしは養育の放棄といわれる
こともあるが、要するに、保護者としての養育責任を果たさないことを意
味している。つまり、子どもに「関わらない」という関わり方をすること
である。心理的虐待とは、言葉や態度で傷つける行為を指しており、これ
らの行為が図1で示した20万件の中に含まれているのである。

図2　子ども虐待の内容

　なかでも、最近では、心理的虐待が約半数を占めるようになってきて
いる（図3「虐待種類別相談対応件数の推移」参照）。その多くは、警察から
の面前DV（domestic violence）による通告といわれている。面前DVとは、
子どもに対して直接な攻撃はなくても、子どもが日常的に暴力場面を目撃

したり、罵声・怒声を聞かされ続けたりすることであり、それは子どもの心にダメージを与えるということから心理的虐待のひとつとされている。つまり、それだけ子どものいる家庭において暴力的な行為が増加しているということである。また近年では、乳児揺さぶられっこ症候群（Shaken baby syndrome）[5]や代理によるミュンヒハウゼン症候群（Münchhausen syndrome by proxy）[6]といった新たなタイプの虐待も指摘されている。

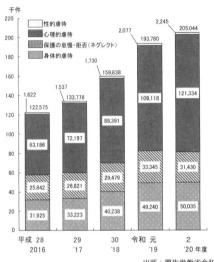

出所：厚生労働省令和2年度福祉行政業務報告例

図3　虐待種類別相談対応件数の推移

（2）　虐待という言葉の意味

　虐待という言葉、特に、「虐」という文字から連想される単語に残虐や虐殺がある。これらの単語からは、日常のなかで遭遇することがほとんどない酷い暴力が連想される。したがって、虐待という言葉からは、子どもへの直接的な暴力や暴力を伴う性的な行為が連想される。しかし、児童虐待防止法では、直接的な暴力には該当しないと考えられるネグレクトや心理的虐待も虐待行為のひとつとしている。つまり、一般的なイメージと実際にズレが生じているといえる。また、虐待は英語では、"abuse"というが、これは本来的には、正しくない使い方、つまり、乱用や誤用という意味が

あるといわれており、そこには、「使う」という積極的行為が含まれている。ところが、児童虐待防止法ではネグレクト、つまり、子どもに関わらないという行為も虐待にあたるとしている。つまり、単語の本来的な意味と法による定義にもズレが生じているといえる。これらのことから、虐待という言葉からは、虐待行為に対する誤解や誤認が生じる可能性があるといえる。

（3）　子どもへの不適切な関わり（child maltreatment）という考え方

　これらの二つのことから、誤解や誤認を生じやすい"虐待"という言葉ではなく、子どもへの不適切な関わり（child maltreatment）という概念が紹介され、一般的になりつつある。

　この定義では、虐待という言葉から連想されるイメージや児童虐待防止法の定義よりももう少し広い範囲で子ども虐待を捉えていることがわかる。つまり、家庭内、つまり保護者による行為に限定していない点と虐待行為を子どもへの影響（健全な発達を妨げているかどうか。また妨げる可能性があるかどうか）で判断している点である。つまり、虐待か虐待でないかといった行為者の側から行為を捉えるのではなく、「子どもにとってどういう影響を与える行為なのか」という、子どもの側からその行為をみるということである（表1「子ども虐待の定義の比較」参照）。

表1　子ども虐待の定義の比較

	児童虐待防止法	日本子ども家庭総合研究所
誰が	保護者（親権者、未成年後見人、その他児童を現在養育している者）	子どもを保護し、その成長と発達を促す立場にある大人たち
誰に	18歳未満の者＝子ども	
どのような行為をすることか	次の4つの行為を行うこと ① 身体的虐待：暴力を振るうこと ② 性的虐待：性的な行為をしたり、させたりすること ③ 心理的虐待：言葉や態度で傷つけること ④ ネグレクト：養育者としての責任を果たさないこと	発達を阻害するような関わり方をすること、またはしている状態

　子ども虐待をこのように捉えると、「虐待としつけとの境界線はどこにあるのか」といった議論から解放されるよう考えられる。しつけという行為は、「子どものために…」というおとなからの一方向的な思いと行為であるといえる。しかし、それを「子どもにとって…」と考えることで、自ずとその行為が適切といえるかどうか、すなわち、虐待にあたるかどうかを判断することが可能となるのではないだろうか。

3．児童相談所における子ども虐待への対応
（1）　児童相談所における子ども虐待へのアプローチと求められるもの
　子ども虐待対応において中心的役割を担っているのが児童相談所である。児童相談所は、本来、表2に示した内容に関する相談を受け付け、時に児童福祉施設等の社会資源を活用しながら、子どもの育ちと家庭におけ

表2　児童相談所が受け付ける主な相談内容

養護相談		保護者の疾病や行方不明など、何らかの理由で家庭での子どもの養育が困難となったものを指し、その大部分が乳児院や児童養護施設などの児童福祉施設への入所に関する相談
保健相談		未熟児、虚弱児、内部機能障害、小児喘息およびその他疾患（精神疾患を含む）を有する子どもの養育や児童福祉施設への入所に関する相談
障害相談	肢体不自由相談	知的障害、肢体不自由、重症心身障害児、自閉症などの各種の障害に関わる、子どもの療育や保護者の障害の受容に関すること、障害の結果生じる子どもの不適応行動、各種の手当受給に際して必要な手帳の取得のための診察や補装具の交付、各種の障害児施設への入所・通所に関することなど
	視聴覚障害相談	
	言語発達障害等相談	
	重症心身障害相談	
	知的障害相談	
	自閉症等相談	
育成相談	性格行動相談	不登校や集団になじめない、落ち着きがないなどの子どもの性格や行動に関するものやしつけに関する保護者の悩みなど。これらを理由にした児童福祉施設への入所の相談も含まれる
	不登校相談	
	適性相談	
	育児・しつけ相談	
非行相談	ぐ犯等相談	主に14歳未満の子どものぐ犯行為および触法行為に関すること、またそういった行為を原因とした児童自立支援施設などの児童福祉施設への入所に関するもの
	触法行為等相談	

出典：厚生労働省雇用均等・児童家庭局「児童相談所運営指針（雇児発第0331第6号平成22年3月31日）」

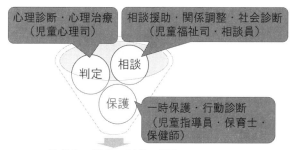

図4　児童相談所の業務と職種

　る子育てを支援することを通して、子どもの最善の利益保障とウェルビーイング（well-being）の確保を目的とするソーシャルワーク実践機関である（表2「児童相談所が受け付ける主な相談内容」参照）。しかし、現状は、図1に示したように爆発的に増加する子ども虐待に関する相談・通告への対応に、業務のほとんどを割かれている。なお、図4は、児童相談所の業務内容と配置されている主な専門職を示したものである。

　児童相談所における子ども虐待への対応は、基本的には他の相談内容と同じく図5に示した段階に沿って行われる。相談および通告という情報提供を受け付けたあと、不足している情報を調査し、虐待かどうかの判断と

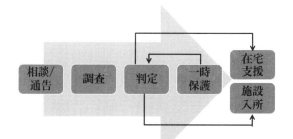

出典：厚生労働省雇用均等・児童家庭局「児童相談所運営指針（雇児発第0331第6号平成22年3月31日）」より作成

図5　児童相談所における相談対応のながれ

介入方法を判断する。児童福祉法および児童虐待防止法では、48時間以内に安全確認と調査を行い、立入調査や一時保護実施の必要性の判断を行うことを求めている。また調査を行う際に、出頭要求や強制立入調査（臨検・捜索）などの権限を行使することも可能である。子ども虐待への対応においてもっとも重要なのは、この虐待かどうかの判断するための情報収集である調査と介入方法の検討、すなわち、アセスメントである。児童相談所の専門性が発揮されなければならない段階であるといえる。アセスメントののち、介入方法、すなわち、子どもと家庭への関わり方が選択され、対応が実践される。その際、保護者の同意を得ない一時保護や子どもへの接触の禁止や保護者の意に反して児童養護施設等への入所措置が必要と判断される場合の家庭裁判所への審判請求、親権の一時停止、親権喪失宣告の請求などの強制力を伴う権限が与えられている。

　子ども虐待は、家庭における子育てをめぐる親子関係の不調、不具合である。したがって、本来は、信頼関係をベースにした相談支援、いわゆるソーシャルワークの基本である共感・受容を基本としながら、保護者の子育てにおける負担感、困難感を傾聴し、家庭における子育てを保護者とともに支えるという姿勢で関わることが望ましい。いわゆるソフトアプローチである（任意相談対応型のアプローチともいう）。従来は、この方法が主流であったが、保護者との関係を重視するあまり、悲惨な結果を招いてしまったケースが数多くあったこともあり、先の述べたような強制力を伴った権限を活用した支援スタイル、いわゆるハードアプローチが積極的に活用されるようになっている。このハードアプローチは、児童福祉法および児童虐待防止法に定められた強制力を伴う権限を活用して、強制的に親子に介入していく方法である。

　いずれのアプローチをとるにせよ、子ども虐待対応において児童相談所に求められていることは、調査によって得られた情報の分析、その分析結果に基づく判断および介入方法の決定、そしてそれらの実行というステップを迅速かつ正確に行うことである。この段階のいずれかひとつでも滞ることがあると、図1にも示してあるような深刻かつ悲惨な事態へとつながるリスクを抱えているのが子ども虐待である（図1「児童相談所における子

ども虐待相談対応件数の推移参照」）。

（2）　介入レベルと重症度

　子ども虐待対応のおけるアセスメントの指標として、介入レベルと重症度がある。児童相談所では、こういった指標も参考にしながら場面に応じた判断を行っている[7]。

　介入レベルは、「要保護」、「要支援」、「要観察」の３段階がある。「要保護」は、いわゆるレッドゾーンであり、子どもの命や安全を確保するために強制的に児童相談所が介入をしていくレベル。次に、「要支援」はイエローゾーンともいわれる段階で、ここはその家庭で起こっている状況を重度化ないしは深刻化させないために、様々な地域の支援機関が手を組んで、いわゆるセーフティーネットを形成し、チームで支援をしていくレベル。さらに「要観察」のレベルは、明確に虐待と判断することは難しいものの、何らかの関わりが必要なレベルで、直接的な支援よりも、むしろ子育て講座などによる教育やあるいは啓発活動などを通して、子どもと保護者・家庭に関わりを持っていくレベルである。

　このような介入レベルを判断する際の判断材料の１つに重症度という考え方がある。「生命の危険のあり」は、第一に子どもの安全を最優先すべきものであり、以下、「重度」、「中度」、「軽度」、「危惧あり」とあり、「要

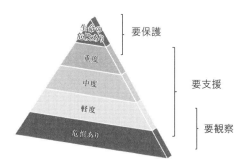

出典：日本子ども家庭総合研究所「子どもへの不適切な関わり」1996年

図6　虐待の重症度と介入レベル

保護」、「要支援」、「要観察」といった介入のレベルがある。この介入レベルや重症度を判断する際に大切なことは、エビデンスベース、すなわち事実、根拠に基づいて、客観的に判断するということである。ただし、「重度」～「軽度」を明確に区別することは難しく、往々にして、関係機関で意見がわかれるところでもある。したがって、関係機関による連携・協働にあたっては、丁寧に意見交換をする必要がある（図6「虐待の重症度と介入レベル」参照）。

（3）　子ども虐待対応の7原則
　前述の才村は、児童相談所が子ども虐待に関わる際の留意点を7原則として挙げている[8]。
　① 　介入性
　一般的な福祉サービスは、利用者自身の相談や申請によって展開される。虐待ケースにおいては、近隣住民や関係者といった第三者からの情報提供によって対応がはじまる。つまり、子どもや保護者・家庭の意思や意図とは関係なく、児童相談所の側から積極的かつ速やかに関わりを求めていくということを意味している。
　② 　迅速性
　児童虐待防止法では、家庭外の第三者からの情報提供（通告）を受理した児童相談所が、子どもの安全確認と必要な場合の一時保護を迅速に行うことが規定されている。特に、安全確認については、受理後48時間以内の目視による確認が求められている。一般的には、共感と受容という基本的姿勢を基盤に利用者との信頼関係（ラポール）を築き、その信頼関係を軸に利用者のペースで、利用者の内面の変化や自己決定を目指すのがソーシャルワークである。しかし、虐待ケースにおいては、対応のタイミングを逃すと死につながることもあるため、何よりも、素早い対応が求められるのである。
　③ 　権利性
　本来、保護者は子どもの権利の代弁者である。保護者が子どものよりよい状態を願って児童相談所を利用する場合、それは子どもの家庭において

保護者によって適切に育てられる権利と保護者がわが子を育てる権利が一致しているといえる。しかし、虐待は、児童虐待防止法にも示されているとおり、子どものよりよく生きる権利に対する最大の侵害である。その権利侵害である虐待という行為から子どもを守るということである。しかし、一方で、親がわが子を育てる権利を守るという意味も、この権利性は含んでいる。子どものよりよく生きる権利と親のわが子を育てる権利、この2つの権利のバランス調整が大切であることを意味している。

④　客観性

先述のとおり、イメージと実態にズレが生じる可能性を孕んでいるのが虐待という言葉である。したがって、感覚的、経験的に状況を捉えてしまい、本来の親子関係が見えなくなってしまうことが起こり得る。したがって、客観的な事実に基づく判断が重要であるということを意味している。

⑤　主導性

ソーシャルワークにおいて、利用者のペースに合わせて、利用者が自己決定していけるように支援をしていくのが原則である。もちろん、子ども虐待ケースにおいても、それが原則であることには変わりはない。しかし、そういった利用者、すなわち、子どもと保護者・家庭のペース、子どもと保護者・家庭の自己決定に委ねることが、問題の深刻化を招き、その結果、重大事件に発展する可能性を孕んでいるのが虐待ケースの特徴でもある。したがって、児童相談所のペースで、児童相談所が引っ張る形で支援をしていく必要があるということを意味している。

⑥　専門性

ソーシャルワークという専門的援助スキルを基盤としつつ、虐待を受けている子どもの状況への理解、アセスメントとその結果に基づく介入方法および法的権限の有効性の判断と実行、虐待によって壊れてしまった子どもと保護者・家庭との関係性の再構築とそれに向けた支援、子どもと保護者・家庭両者の権利の調整など、多角的かつ高度な視点やスキルが必要である。そして何よりも、子どもの権利をアドボケートする（代弁する）ことが求められる。

⑦　開放性

　子ども虐待は、ひとつの機関だけで支援をしていくことはおよそ困難である。なぜなら、虐待の発生する家庭には、様々な困難があり、それが構造化され、固定化しているといわれる。したがって、ひとつの機関による自己完結的な支援では課題の解決・軽減を図ることはおよそ困難である。関係機関による連携と協働による多面的、重層的な支援展開が必要となる。その際に必要となるのが、この開放性である。子ども虐待に関わる施設・機関が有する機能を開示すること。すなわち、開示性と言い換えることもできるものであり、才村は「援助姿勢の開放性」と述べている[9]。

4．子ども虐待対応における児童相談所の役割

　児童相談所が子ども虐待対応の専門機関と呼ばれる根拠としての役割は、次のように整理することができる。

①　安全確認

　子どもが置かれている状況の把握、危険性と緊急性の把握が第一に重要である。この安全確認が不十分であったために、最悪の事態になってしまった事例が散見されるのも事実である。その結果、先にも述べたように48時間以内の目視による安全確認というものが児童虐待防止法によって規定された。加えて、出頭要求や強制立入調査など介入権限の強化が行なわれている。それは、子ども虐待対応において、なによりもこの安全確認が重要であるということを意味している。

②　調査

　「虐待があるか、ないか」といった虐待の事実確認や子どもと家族をめぐる状況の周辺への確認だけでなく、家族の関係性や構造といった内容にまで踏み込んだ調査を行わないと虐待のリスクは判断できない。つまり、その家庭への直接的なかかわりが重要であるということである。そして、そういった調査を可能とするためには、高度な面接スキルが求められる。招かれざる客である児童福祉司が、子どもと保護者・家庭を調査以降の支援につなげていく上においても、面接スキルは欠かせない専門性のひとつである。

③　司法への申し立て

　児童相談所にしかできない、児童相談所にだけ与えられている権限であり、有効に活用することが求められている。児童相談所には、これまでもいくつかの権限が付与されてきたが、「法的権限を活用した支援はソーシャルワークではない」と捉える向きもあり、ひたすら、共感・受容を基盤として、保護者との関係づくりに心を砕いてきた時代があった。しかし、現在ではこれらの法的権限を有効に活用しつつ、共感・受容を基盤としたソーシャルワークを展開すること、すなわち、ハードアプローチとソフトアプローチを使いわけることが子ども虐待への有効な対応となるといわれている。

④　一時保護・施設入所

　司法への申立とならんで、児童相談所しか実施できない対応である。関係機関がどれほど熱心に子どもと保護者・家庭にかかわり、どれほどすばらしい支援をしたとしても、法的権限を持って子どもを保護者・家庭から離し、保護するということはできない。それは、保護者・家庭と対決してまで子どもを保護する、守ることができるのは児童相談所だけであるということを意味している。

⑤　家族関係の再構築

　虐待は親子関係が、子どもの育ちにとって逆機能状態にある。もしくは、機能不全状態に陥っている状態である。したがって、この状態をその親子、家族・家庭にとって望ましい状態に再構築することが子ども虐待への対応であり、支援である。その際、可能な限り、子どもを家族・家庭から離さず、在宅で支援を展開することが望ましい。親子が一緒に暮らすなかで、新しい関係を築くことが最も基本的な再構築である。確かに、一旦、別々に生活をすると、それを再び同じ状態に戻すというのはなかなか容易ではない。したがって、可能な限り親子が一緒に暮らしながら、再構築の試みを検討する。しかし、それがかなわないと判断される場合にのみ、子どもを保護し、家族・家庭から離すという対応をとるという姿勢が求められる。また、一方で、一緒に暮すことが、必ずしも再構築のゴールではないということも認識しておく必要がある。離れているからこそ良好な親

子関係を築ける親子もあるという捉え方も必要である。

　そして、この家族関係の再構築にあたっては、ソフトアプローチである共感・受容といったソーシャルワークの基本原則に沿って、子どもと保護者・家庭のペースに合わせながら、それぞれの自己決定を尊重しつつ、支援していくことが求められる。

　⑥　連携・協働

　児童相談所は多くの権限が与えられているが、その権限だけで対応できないことは明らかである。関係機関の機能を有効に活用しつつ、また、その機能活用をコーディネートしながら、子どもと保護者・家庭への支援を展開していく必要がある。そういう点で、児童相談所は、子ども虐待対応の指揮者として役割を担っているといえる。

おわりに

　子どもは自ら育つ力（子育ち力）を有している。その子育ち力を支えるのが、おとなの役割である。おとながその役割を果たせていない時、それは「おとなによる不適切なかかわり」という子どもへの虐待となるのである。しつけ、子育てというおとなの側からの視点ではなく、子育ちという子ども側の視点に立って、そのかかわり方を見つめ直すことが、いまのおとなたちには求められているといえる。

　一方、子どもの育つ力を支えることは、保護者・家庭だけで行えることではない。保護者・家庭を含めた子どもを取り巻く周囲のおとなたちのつながりによって成り立つのである。そのおとなたちのつながりによる子育て、いわゆる子育てネットワークを支援するのが児童相談所の役割である。

　子育てネットワークへの支援という本来の目的を土台としつつ、時に法的権限を活用しながら、子どもと家庭を取り巻くおとなたちのつながりをつくり、そのつながりを支援していくことが児童相談所には求められているといえる。

注
1）才村純（2005）『子ども虐待ソーシャルワーク論』有斐閣．p.2.
2）同上書　p.3.
3）池田由子（1987）『児童虐待』中公新書．p.20.
4）鈴木敦子（1998）「保健婦・助産婦活動と子ども虐待」『保健の科学』Vol.41.　杏林書院．p.588.
5）乳児揺さぶられっこ症候群（Shaken baby syndrome）とは、乳児の頭部を激しく揺さぶることで脳に損傷が生じるもので、虐待かどうかの判断が難しいとされる。
6）代理によるミュンヒハウゼン症候群（Münchhausen syndrome by proxy）とは、保護者が子どもを病気にさせて、その世話を懸命に行うことによって周囲からの賞賛を得て、自らの心の安定をはかる、子ども虐待の特殊型といわれている。
7）近年、AIを導入して一時保護の判断に役立てている自治体も出てきている。
8）前掲1）　pp.20-24.
9）前掲1）　p.24.

参考資料
・厚生労働省雇用均等・児童家庭局「児童相談所運営指針（雇児発第0331第6号平成22年3月31日）」（http://www.mhlw.go.jp/bunya/kodomo/dv41/dl/01.pdf　2022/12/1最終閲覧）
・厚生労働省「子ども虐待対応の手引き」（http://www.mhlw.go.jp/bunya/kodomo/dv12/00.html　2022/12/1最終閲覧）

付記

　本章は、愛知県立大学教育福祉学部「2017年度スクールソーシャルワーク教職員研修」での講義内容を修正・加筆したものである。

第3部
地域における教育福祉のアプローチ

第1章　学校と地域との連携による
　　　　保護者・家庭の支援

山本　理絵

はじめに-「モンスターペアレント」とは？

　2007年頃から、「モンスターペアレント」という言葉が聞かれるように
なった。"不当で過剰な要求をつきつける親"「非常識な要求をしてきたり、
自己中心的で理不尽なクレームをつけてくる親」のことを指している。こ
のような表現についての是非はあるものの、保護者たちは何を求めている
のだろうか。なぜそのような要求をするのだろうか。その背景を考えてい
く必要がある。小野田正利によれば「新自由主義政策によって、一方では
公共サービス部門への財政投入が切り下げられ、採算がとれるかどうかが
第一となり（効率性優先）、同時に顧客万能主義への意識が強くなった（強
大化する個人）。しかし、人間相手の労働という分野では、提供できるサー
ビスには限界があるにもかかわらず、不当で過剰な要求にも応じざるをえ
ず（感情労働）、困難に陥っている」と捉えられている[1]。教育もこのよう
なサービスの一環とみなされる状況はあるだろう。しかし、「モンスター
ペアレント」と呼ばれる現象は、親としては、わが子のことをしっかりみ
てほしい、大切にしてほしいという思いの表れでもあるのではないかと考
えられる。また、以前なら、保護者どうしや地域の知人に愚痴を聴いても
らったり意見をもらったりして冷静になることができるような人間関係が
あったが、そのような関係性をもてなくなってきている状況も影響してい
るのではないかと考えられる。学校現場では、このような保護者たちの声
をしっかり聴き取り、対応していくことが求められている。

1．保護者に対する姿勢

　どの保護者も、大小の差はあれ何らかの子育ての不安をもっている。保護者に接する際には、第一に、学校側はその不安や困り感を推察し理解し、寄り添って対応する姿勢が求められる。保護者面談や家庭訪問をする際には、家族の中で一番信頼関係をもって話せる人は誰かを考え、仕事や家事の時間を考慮して、保護者の都合のよい時間に設定すること、そして、面談に応じてくれたことへの感謝の気持ちを表すことが大事であろう。保護者の話をじっくり聴き、子育ての大変さや頑張っていることに共感することから、信頼関係がつくられていく。

　特に、トラブルになっていて面談を拒否していたり、学校が一方的に非難されたりする場合、保護者は学校側が自分の話を聴いてくれないと思い込んでいることがある。学校側はすでに解決した話だと思っていても、保護者側は納得しておらず不満を抱えたまま蒸し返される場合もある。まず何があったのか、保護者の話を十分に気が済むまで聴くことが解決への第一歩であろう。保護者が感情的になって罵倒したり無理難題を言ったりすることもあるかもしれないが、その感情に巻き込まれず、話を整理することが大事である。否定したり批判したりしないで気持ちを受け止めながら30分ほど聴いていると、怒りも次第に落ち着いてくると言われる。

　そして、話を聴きながら、保護者の頑張っていることや愛情を承認することが大事である。うなずいたり、あいづちをうったり、保護者の言葉の中から大事な部分やよいところを、繰り返し言葉にして表現して伝えるとよいだろう。また、保護者からのいろいろな批判も、客観的にみると違う見方ができるという場合でも、すぐに反論するのではなく、「あなたにとってはそう感じたのですね」ということを確認し受容することが大事である。もちろん共感することは大事だが、なんでも了承したり、他の教員や保護者の悪口・批判に同調することは避けなければならない。保護者の要求が受け入れられないものであるときは、学校の役割上「できない」と言うことも大事であるし、判断に迷うときは、期待をもたせるような曖昧なことを言ったり、その場で即答するのではなく、「調査・確認します」「検討します」と約束する必要があるだろう。このようにして、面談の終わり

には、保護者は話してよかった、また話してみようという満足感がもてるように話を聴くように心がけたい。

　保護者に連絡を取ったり面談したりするのが、担任教員だけでは心細い場合は、上司にロールプレイをしてもらったり、一緒に同行・同席してもらったりすることも必要であろう。また、重大な案件であるなら、管理職がリーダーシップをとった集団的な対応が必要なことは、言うまでもない。

　第二に、保護者は一方的に支援・指導される対象ではなく、対等の立場・パートナーとして捉えられ、むしろ家庭での子育ての専門家として尊敬されるべきである。

　フィンランドにおいては、保育・幼児教育教育における「親の参加」が強調され、従来の親と教育者の密接な「協力（co-operation）」から、さらに進んだ深いアプローチとして、親と教育者の「パートナーシップ」が強調されるようになった[2]。それは、子どものウェルビーイングの重要な一部であり、「子どもに関するあらゆることについて相互的、継続的にかかわる相互作用を求める。聴き取られる経験と相互の尊重は、理解し合うようになるために不可欠である」と捉えられている。

　保護者が困っていることを聴き取ったうえで、どうすればよいか一緒に考える姿勢が大切である。子どもの家庭での様子や工夫してやっていることを教えてもらい、それを学校でも参考にして働きかけてみるなど、保護者から学ぶこともあるだろう。また、子ども本人と保護者の意見が違っている場合もある。子どもの権利条約の精神にのっとって、子どもの声をよく聴いたうえで、保護者の発言を否定するのではなく、「どうしてそういうふうに思うのですか？」「お子さんはどのように思っているのでしょうね？」「お子さんにどうなってほしいと思っていますか？」などと、子どもの視点に立って、子どもの思いに気づいてもらえるような声かけをする必要があるだろう。

　第三に、エンパワメントの視点が重要である。問題を解決するためには、人と環境との関係性を改善することが必要であるという視点からみれば、学校や支援者は、その人と、その人を取り巻く人や組織の特徴を理解しようとする姿勢が重要である。また、当事者（親子）にとっては、面談等を

することによって、自分（親）の性格やおかれている状況、子どもの性格や子どものおかれている状況を冷静に振り返り、助けてくれる人や、相談できる相手、組織（機関）を周りにたくさんつくることが重要になってくる。このような視点から、もっている力を発揮できるようにエンパワメントし、当事者の問題解決力を高めることを大事にする必要がある。そのためには、「ストレングス視点」から、保護者の強みに着目することと、保護者・当事者の「自己決定権」を重視することが重要である。例えば、知人に借金を抱えていることも、そのようなつながりをもっており困ったら他人に頼ることができることを肯定的に捉えることができる[3]。保護者や本人の希望は何か、聴き取り、子ども本人の意思と保護者の自己決定を尊重し、たとえ支援者側の考えと違っていても、長い目でみる必要がある。

2．課題に応じた保護者・家庭との連携
（1）　発達障害を抱える子どもの保護者との関わりと支援
　通常学級に在籍する子どもに発達障害の疑いがある場合、保護者にどのように関わればよいだろうか。保護者が子どもの障害をなかなか受け入れてくれない、という学校側の声が聞かれることがある。しかし、障害受容はそう簡単にできることではない。「何も困っていません」「問題ありません」という保護者も、実は家庭で困っていたり、何らかの問題を感じていたりすることも多いと言われる。それを認めてしまうと、偏見で見られたり差別されたりするのではないかという不安などをもっていることもある。また、集団生活の場である学校と個人の特性に合わせて対応できる家庭とは、環境が違っており、保護者が自分自身や子どもが困っていることを自覚していないこともある。しかし、食事や登校の支度など、具体的な場面を聴いていくと大変さが見えてきて、保護者も自ら気づくこともある。
　障害があるのかどうかを判断するのは教育現場のしごとではない。子どもはどのようなことで困っているのか、子どもの様子や見方を丁寧に伝え、どのような指導・支援をしてどのような変化があったか、保護者に知らせていく必要がある。そして、子どもにとって何が一番よいのか、その子がもっている強みをどうやったら発揮できるか保護者と一緒に考えることが

重要である。通級指導教室や特別支援学級等を勧める場合も、少人数のほうが丁寧に指導できることや落ち着いて集中できることなど、その子どもの強みを活かせるメリットを伝える必要がある。保護者にとっては言葉だけの説明ではイメージを持ちにくいので、例えば、特別支援学級を体験してもらい子どもの様子を見てもらうことによって、その子に適した環境を理解してもらうことができる。とくに発達障害のある子どもにとっては、中学卒業後、高校段階での支援が難しい状況にあり、学校を通しての職場体験・実習、職業教育、ボランティア活動など、自身の発達特性を理解し、適性を見極められるような教育の実施が望まれており、そのためには地域の関係機関によるネットワークによる支援が有効であろう。発達障害者支援センター、障害者相談支援センター、障害者職業センター、ハローワーク等を活用し、連携する可能性も考えられる。

（2）　不登校傾向の子どもの保護者との関わりと支援

　子どもの不登校に対しては、初期対応が重要である。病気などのはっきりした理由がなく欠席が続く場合、子どもの顔を見て状況を確認するために家庭訪問する必要がある。神奈川県では、3日連続の欠席は、保護者から欠席理由等の連絡があっても、本人の顔を見に行って話をすることにしている。保護者の言葉に耳を傾け（繰り返し）、ねぎらいの姿勢で対応し、「学校でできること」「（担任として）自分にできること」を伝え、保護者と連絡を取り合い、学校への不安を軽減することを重視している。欠席が長期化した場合も家庭訪問等、本人・家庭との関わりをもち続けることが大切である。その際、不登校の原因を家庭のせいにして、しつこく詮索しないことは言うまでもない。家庭訪問のポイントとして、以下のように述べられている[4]。

家庭訪問のポイント

○　1回の時間は30分程度。
○　事務的な話にならないように、心にゆとりを持つ。

○　子どもに会えたら、趣味の話などしてゆったりとした時間を過ごす。

○　子どもに会えなかったら、配付物や担任からの手紙を渡し、気持ちを伝える。

　家庭訪問を行う際は、「子ども中心の支援」の視点に立ち、家庭訪問が本人にとって負担に感じることのないよう配慮することが大切である。家庭訪問が本人にとって支援になっているかどうかは、本人の表情、反応などのほか、訪問後の本人の様子などから判断するのもよい。訪問時は無反応に思えても、後ほどよい反応が出る場合もあるので、翌日、保護者に本人の様子を聞いてみるのも有効である。本人から拒絶されるような対応を受けた場合、家庭訪問等すべてのかかわりを閉ざしてしまったり、無駄に何もしない期間（たとえば半月程度）をつくったりするのではなく、かかわり方を修正することが大切である。

　また、家庭訪問の目的として、保護者との関係づくりと情報収集を考える場合、情報収集のポイントとして、以下の内容が挙げられる[5]。

①子どもの体調などの確認から始める。

②子どもの1日の生活の流れをイメージできるように聞き取る。

　（家庭内暴力や癇癪の有無、朝の登校しぶりの有無・様子、起床時間や就寝時間、学校から帰ってきてからの様子、欠席しているときの過ごし方、好みの活動など。）

③子どもと保護者とのコミュニケーションの様子を聞き取る。

④保護者や家族の価値観として、子どもの現状をどのように捉えているかを聞き取る。

　不登校には多様な要因が絡んでいるが、保護者の経済的生活困難や障害や鬱などの病気による養育困難によるものもあり、家庭を訪問しても、保護者がなかなか顔を出してくれない場合もある。教員がスクールソーシャルワーカー（SSWer）と連携して家庭訪問をしたり、スクールカウンセラー（SC）と連携・協働したり、保健師や他機関のソーシャルワーカーなどに依頼したりすることが必要な場合もあるだろう。保護者・家庭の支援が必

要な場合、生活困窮者自立支援制度・自立相談支援機関や障害者（基幹相談）支援センター、精神保健福祉センターなどの相談窓口を利用することもできる。

（3）　養育力に課題がある保護者との関わりと支援

　先に少し述べたが、経済的貧困問題やメンタルな悩みを抱えた、養育力を発揮できない保護者も増えている。家庭・保護者及び子どものもっているリスク要因に着目した場合、以下のような分類ができ[6]、それぞれのタイプの特徴に応じた関わり方が必要となる。

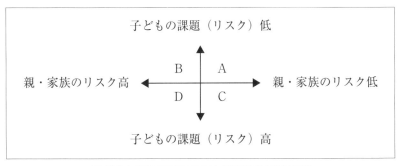

子どもと親の関連から見た問題の位置の座標

　家族のもっているリスクが高く、養育力が低下するとマルトリートメント（不適切な養育）に陥っていく。B、Dのグループの中には、保護者が精神的に病んでいる場合や障害がある場合、経済的困窮に陥っていて長時間勤務のため子どもとの時間を十分もてない場合もあり、食事や衛生面や生活リズムなどに関する子どもの日常的な世話ができないこともある。学校からの通信の文字を十分読むことができなかったり、コミュニケーションが苦手なゆえに、子どもに関心がない親だと思われてしまうケースもある。あるいは家庭的な不和があったり近隣から孤立していたりし、適切な親子関係が築けないこともある。また一見、経済的にも豊かで愛情豊かな親のように見えても、子どもへの期待が大きすぎて、ありのままのわが子

を認められず、子どもの自己肯定感が低かったり問題行動に陥っている
ケースもある。子どもだけではなく、保護者の抱える不安や孤立感などに
寄り添うとともに、親の障害や疾病等の特徴を理解して、わかりやすく、
肯定的な伝え方をすることが大切である。特にDグループの場合、子ども
の安全の確保、発達保障が最優先課題であり、さらに子どもへの支援と保
護者への支援を情報共有し調整する必要があり、関係機関との連携がより
求められる。

　養育力の問題には虐待も含まれる。子どもの面前でDV（ドメスティック・
バイオレンス）を行うのも虐待であるし、児童ポルノの写真をメールで送っ
たり、アダルトビデオを子どもの横で見たりすることなども性虐待にな
る。子どもの長時間の放置や、親の都合や考え方で、子どもを学校の授業
や行事に出席・参加させないこと、児童の望まない又は参加困難な部活動、
習い事、学習塾等を要求することも、虐待になるという認識をもつ必要が
ある[7]。きょうだい（幼児）の世話や家事などをする[8]ために学校に遅刻
したり欠席したりすることが続いている子どもの場合や、保護者とともに
子どもも昼夜逆転した生活を送っており、朝親が子どもを起こして登校さ
せることができない場合など、それも虐待にあたる可能性があり見逃すこ
とはできないことを告げる必要がある。そして、緊急避難的には学校が朝
迎えに行ったり、朝食を食べさせたりすることはあるだろうが、根本的に
は地域の資源を活用して、総合的に支援していく必要がある。

　関係機関とのケース会議や要保護児童対策地域協議会（要対協）[9]を通
して連携することによって、保護者の困り感や不安に寄り添って、相談・
支援機関へ付き添ったり、家庭を援助してくれる人・機関は誰か（SC、
SSWer、精神保健相談、精神科医療機関、福祉関係課等）吟味し、分担して
いくことができる。保健師から病院受診を勧めたり、福祉課から家事支援
のサポートを利用するように促したり、社会的なサポートを活用すること
も必要であろう。

3．地域の他機関等との連携のしかた
　子どもや家庭の問題は複雑になってきており、支援する社会資源（施設、

制度、機関、知識・技術などの物的・人的資源）も多様になってきている。問題の解決のためには、地域でネットワークをつくって支援していく必要がある。ネットワーク支援の形態には、以下があると言われる[10]。

① 協働：複数のニーズを有するケースに対して複数の機関が支援すること

② 移行：支援経過において、おもな支援機関が代わること

③ コンサルテーション：他機関・他職種への専門的助言

　どの場合も、関係機関が情報を共有する必要があるが、①の場合、本人が何に困っているのか、真のニーズ・支援課題はどのようなことなのかを読み解くようなアセスメントを協働で行い、対応・支援の方針や目的を共有し役割分担し、協力して支援していく必要がある。学校教員は、主に子どもの居場所や学習権・発達権を保障する立場から、学校外の機関は、保護者・家庭を含めた支援の視点からの役割分担になるだろう。②については、他機関への紹介が丸投げにならないように、本人の同意をもとに、本人と家族の状況に応じて、他機関を的確に利用できるために必要なフォローをする必要がある。③は、職種や立場の違いをお互いに尊重したうえで、一方的に頼ったり権威的に助言したりするのではなく、対等の立場で考え合う必要がある。

　学校を基軸に考えると、担当教員やSSWerは新年度に関係機関に挨拶に行ったり、学校だよりを配付したり、他機関の基本情報を交換したりし、顔見知りの関係を築いておくことが、いざというときの連携につながる。そして、上記のようなネットワーク支援に至る前の連絡・問い合わせにおいても、それぞれの機関の特徴や専門職の独自性を認識し、それを尊重し、連絡を取る目的をはっきり伝えたうえで、依頼することが大切である。

　他機関との連携は、虐待とそれ以外の場合では連携のしかたが違ってくる。虐待については、学校は早期発見の努力義務があり、発見した者には通告義務がある。虐待が疑われるケースがあれば、はっきりしていなくても児童相談所または市町村の窓口に通告しなければならない。保護者との関係が悪くなることを心配されることもよくあるが、誰が通告したかは秘密にされるものである。学校は保護者に寄り添いつつ、子どもを守る立場

に徹しなければならない。

　学校で子どもから虐待について話してくれた場合も、子どもに根掘り葉掘り聞くのではなく、基本的に子どもの証言、発言を信じ簡単に「誰が」「何をした」だけ聴き、早期に通告する必要がある。時間概念が十分発達していない子どもは、「いつ」の記憶が曖昧であることが多く、詳しい時間などは曖昧な証拠となるので聞かない方がよいと言われている。また、心理的負担に配慮し、諸関係機関が子どもに何度も同じことを聞くようなことは避けるべきである。「だれにも言わないで」と言われても、秘密にすることはできないので、子どもを守るために必要な人には通告することを伝えるべきであろう。また、虐待したかどうかは、家族など近親者には確認を取らないことが基本である。虐待者本人はそのことを認めることはほとんどなく、隠蔽しようとしたり、むしろ虐待がエスカレートしたりする危険性がある。調査・判断は児童相談所や市町村の仕事であるので、疑いがあれば校内で情報を収集してすぐに通告することが求められている。

　虐待を担当課・家庭児童相談室などの窓口に通告すると、担当部署や要対協で確認・判断し、調査したり支援を協議したりしてもらえる。そうすると、学校やSSWerが継続的に現況を確認することになる。学校側は、軽微にみえる虐待の通告については「このくらいのことでは、」「間違っていたらどうしよう」という不安があり、通告をためらう場合がある。また、すぐに虐待をやめさせて問題を解決してくれると期待している場合もある。しかし、通告は義務であり、通告して終わりではなく、子どもが学校に登校しているなら、その様子を見守り記録を取っていく必要があるだろう。なお、SSWerが要対協の実務者会議の構成員になっている自治体では、学校や家庭での具体的な最新情報を集約することができ、よりよい支援方針を検討でき、また、学校におけるケース会議や児童生徒への支援や指導もスムーズに行えるようになったと、効果が実感されている。

　いずれにしても、日常的に地域でつながりがあり、相談したり気にかけあう関係があることによって、保護者の子育ての不安や負担は軽減され、周りは困っている家庭に早期に気づくことができる。地域と結びついた学校のあり方が課題となっている。

注

1）小野田正利（2009）『イチャモン研究会－学校と保護者のいい関係づくりへ－』ミネルヴァ書房．pp.11-12.

2）フィンランドの社会福祉保健省・国立福祉健康研究開発センターにおいて、幼児教育・保育の内容の実施のためのガイダンスを提供する「幼児教育・保育ナショナルカリキュラムガイドライン」（NATIONAL CURRICULUM GUIDELINES ON EARLY CHILDHOOD EDUCATION AND CARE IN FINLAND）が市民による議論を通して2004年に発表された。

3）鈴木庸裕「学童期における困難事例の理解と支援」別府悦子・香野毅編著(2018)『支援が困難な事例に向き合う発達臨床』ミネルヴァ書房．p.125.

4）神奈川県教育委員会（2011）「神奈川県不登校対策検討委員会報告書（最終版）」

5）井上雅彦（2011）「解決の鍵を握る保護者との関係づくり」斎藤万比古編著『発達障害が引き起こす不登校へのケアとサポート』学研教育出版．p.153

6）今泉依子「家族援助の取り組みと原則（3）－保健センター等での取り組み－」金田利子・齋藤政子編著（2004）『家族援助を問い直す』同文書院．pp.171-177参照。今泉・金田作成の図を本稿執筆者が改変した。

7）厚生労働省（2012）「児童相談所長又は施設長等による監護措置と親権者等との関係に関するガイドライン」

8）法令上の定義はないが、一般に、本来大人が担うと想定されている家事や家族の世話、介護などを日常的に行っている18歳未満の子どもを「ヤングケアラー」と呼ぶようになってきており、支援が検討されている。

9）要保護児童対策地域連携協議会については、第1部第2章を参照のこと。

10）厚生労働科学研究障害者対策総合研究事業（身体・知的等障害分野）「青年期・成人期の発達障害に対する支援の現状把握と効果的なネットワーク支援についてのガイドライン作成に関する研究」（研究代表者：近藤直司）（2011）「青年期・成人期の発達障害者へのネットワーク支援に関するガイドライン」p.10.

第2章　政策としての「開かれた学校」のルーツ

内田　純一

はじめに

　日本における政策としての「開かれた学校」は、臨時教育審議会の答申［第3次：1987（昭和62）年］による提言を契機とし、単なる施設の開放ではなく、保護者や地域住民の学校管理・運営への関与も含めたものとして展開し始める。その流れは、1996（平成8）年の中央教育審議会答申に引き継がれ、2000年代に入ると、教育改革国民会議の報告［2000（平成12）年］において、コミュニティ・スクール（学校運営協議会制度）の設置に関する提言がなされる。さらに、2015（平成27）年の中教審答申では、「開かれた学校」から「地域とともにある学校」への転換が示され、コミュニティ・スクールに加えて、地域学校協働活動の推進（地域学校協働本部の整備）が掲げられた。また、同答申においては、「地方創生」の観点から、学校と地域社会の連携・協働が目指すものとして、「学校を核とした地域づくり」の推進も示されている。

　このように、過去30年以上の間、学校は地域社会との密接な関係形成を強く求められるようになってきている。しかし、そうした政策としての「開かれた学校」のルーツについては、今から100年以上前の明治期（日露戦争後）まで遡ることができる。以下では、時代背景をふまえつつ、ルーツとしての「開かれた学校」の特徴や問題点をみていくことにする。

1．地方改良運動と「小学校拡張」「学校中心自治民育」

　明治以降の日本において、学校（特に小学校）が地域社会と密接な関係形成を強く求められるようになる重大な契機として、日露戦争［1904（明

151

治37）〜1905（明治38）年］後に展開された地方改良運動がある。地方改良運動は、日露戦争によって大きな打撃を被った農村経済を再建し、欧米列強と互角に渡り合える国力を形成するために、内務省[1]の主導で推し進められた。

　地方自治の確立を図る同運動において、小学校は、戦争で疲弊した農村の復興を自らの手で達成できる力（「自治」的精神）を人々に身につけさせるため、単なる「児童に対する教育の場」ではなく、「保護者や地域住民をも指導・教化する重要拠点」として機能することが求められるようになっていく。そして、「小学校拡張」や「学校中心自治民育」という言葉が登場する。こうした経緯から生まれた「小学校拡張」は、「時代の要請により小学校の従来の基本的な役割（児童の教育）に付加される新たなもの」と位置づけられ、学校としての役割の拡大が、教員の負担増加などをもたらすことになる。

　一方、教育現場では、「小学校拡張」を、国民教育の基本的な部分（義務教育）を担う小学校の役割に基づき、その遂行を十全なものとするために必然的に求められるものと考える、積極的な姿勢もみられた。これは、卒業生を社会へ送り出す立場として、彼らに対する継続的な指導を行うことは不可欠であり、そうした「小学校拡張」は、「小学校教育の延長線上にごく自然に位置づけられるもの」という認識である。

　このような積極的な使命感に基づく考え方とは別に、小学校の教育目標達成を妨げる要因を取り除くことを理由として、「小学校拡張」の必要性が主張される場合もあった。それは、保護者や地域住民に対する教員の否定的な認識に基づくものである。当時の保護者や地域住民は、小学校教育を経験していない者が多く[2]、教員にとって、「学校教育への理解力が低く、児童の教育において連携をとる対象としては不十分であり、さらには、学校の教育活動を妨げる存在」であった。児童に対する教育の成果をあげるには、保護者や地域住民への指導・教化が不可欠と考えられていたのである。

２．「小学校拡張」の実践—学校園と一坪農業—

　地方改良運動下の小学校は、「小学校拡張」を推し進めることにより、児童に限らず保護者や地域住民をも含めた、多様な年齢・社会的立場の人々を活動対象にしなければならなくなる。当時、小学校の教員は、学校内・教育者間に限られた狭い世界で生き、校内の改善に終始し孤立している点を改め、実社会と没交渉にならず、より実用的な教育を行うことが求められたのである。

　そうした状況の中で、離農・離村現象を改善し農村復興を図るため、小学校では学校園や一坪農業が積極的に導入された。それらの概要は、以下のとおりである。

◆学校園

　校庭の一部を利用して様々な植物（観賞用や食用の草木）を栽培し、毎日数名の児童に作業・管理をさせ、その記録を教員が検閲することで運営された。観察・実験によって各教科の知識を実地で確認させ、作業を通じて勤労習慣を養成し、農業・田園に親しませることを目的とした。

◆一坪農業

　各家庭にある一坪（畳２枚分）の土地を借用し、農会の協力を得て確保した種苗と栽培要項を児童に配付して栽培させた。月に数回、栽培記録を学校へ提出させて検閲を行うとともに、家庭訪問の目的も兼ねて、生育・作業状況の調査が行われた。また、良質の種苗を配付することで、家庭に実利をもたらし、学校への信頼・協力を得ることが図られた。

　収穫された作物は、品評会に出品され、教員や農会関係者による審査の結果、優秀なものには賞が与えられた。また、出品作物は売却され、その収益は児童に分与されるだけでなく、今後の栽培に必要な種苗や肥料の購入、さらには学校基本財産に充てられ、疲弊した地元の財政において教育関係費が大きな負担となっている状況の改善も期待された。

　学校園は、設置場所が校内であるため、主に児童に対する教育効果を期待するものとなり、一坪農業は、家庭の土地を用いるので、家庭との連携強化に重きを置いたものとなったが、いずれも、地方改良運動という時代の要請に応じて、学校教育の実社会への即応、保護者や地域住民への積極的な働きかけのために、新たに試みられた実践であった[3]。

　以上のような取組みに対して、保護者や地域住民からは、成果を認める好意的な反応だけでなく、実効性に乏しいという批判の声もあがった。その要因として、農作業に対する教員の消極的な姿勢が指摘された。具体的には、学校園の運営における、「一部の教員に嘱託し、他の教員は毛頭これに関せず」「教員は労働すること少なく、手入其他を全部児童に命じ、自己は拱手してこれが監督をなす」といった有様[4]や、その結果としての、「設置する当時の勢が継続せずして、今や運動場の片隅に当年の名残を見るに過ぎない様になつて居る」[5]という状況があげられる。こうした問題は、単に教員の熱意不足によるものではなく、新規の課外活動に力を注ぎ、必要な作業時間を確保しようとすると、教員や児童の心身が疲労し、授業などに悪影響が生じるという、小学校教育の役割の根本に関わる事態を背景にしたものであった。

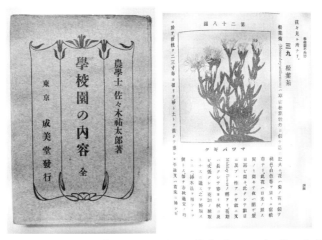

図表1　佐々木祐太郎『学校園の内容』成美堂［1908（明治41）年］

図表2　絵葉書「玉瀧尋常高等小学校の学校園」
（日露戦争記念）

3．運動会や学芸会による地域社会との連携強化

　地方改良運動の影響を受け、小学校が児童の教育に加え、保護者や地域
住民の指導・教化も担うことが求められた状況において、校外に開かれた
学校行事の運動会は、「保護者や地域住民との連携強化を図る機会」「社会
教育活動の一環」として重視されるようになる。当時、教育者の間では、
運動会の教育目的として、①児童の心身の訓練や日頃の学習成果の提示と、
②保護者や地域住民との連携強化が掲げられ、「前者が主目的、後者は副
目的」とするのが望ましいとされていた。しかし、実際には、教育目的の
主客転倒が生じ、大きな問題として教育界で取り上げられることになる。

　地方改良運動が推進された当時の重大な社会問題の一つに、疲弊した農
村を捨てて都市での「成功」（立身出世）を目指す、人口流出があった。
そして、それと関わる「娯楽」「投機熱・虚栄熱」「個人主義・利己主義」が、
民衆の風紀頽廃を示すものとして、地方改良運動指導者の間で問題視され
た。しかし、小学校が運動会を保護者や地域住民との連携強化の手段とし
て認識し、多数の参観者の確保を目指す結果、「お祭り」的になり、先述
した望ましくない風潮を改善する機会ではなく、むしろ助長する側面が強

くなってしまった。

　参観者の歓心を買うため、平素の学習内容とは異なる、準備に多くの時間を要する「奇を衒った」種目が盛り込まれ、そのために通常の授業が犠牲となり、児童の教育という学校としての基本的な役割に悪影響を与えた。また、運動会が「お祭り」的になることで、以下のような問題も生じた。

◆開催費用の増大

　嵩む費用を確保するため、有志や主だった保護者に寄付の拠出を求め、児童にも強制した。その結果、「多額を寄進したるものは、高慢的になり、少額の児童は、肩身が狭くなり」、教員は金額の多寡で待遇に差をつけ、「甚だしきは、父兄に媚ぶる」といった事態が生じた[6]。また、開催費の使用方法については、会場の華美な装飾や豪華な賞与が問題視された。過剰な会場装飾については、「世は益華奢贅沢に流れ、襟にダイヤモンドが輝く此頃なれども、何も運動会迄が之にかぶれずとも、可ささうなもの」[7]といった批判もみられた。

◆競争心を煽る種目の増加

　保護者が楽しめる個人競技を増やすことで、児童の間では、団結心を身につけるよりも、敵愾心を持つことが目につくようになった。そのため、「父兄をして競馬を見るが如く思はしめ」[8]ないように、競争心を煽る個人競技を減らし、団体運動を増やすべきという主張がなされた。また、勝敗・優劣を競う種目では、参観者が盛り上がることを重視して、実力と結果が一致するものではなく、結果が予測できない意外性のある（運で結果が左右される）ものを採用することが問題視された。そして、「濡れ手で粟を攫むやうなものは最早現代の競技ではない」[9]という主張がなされた。

　なお、以上のような運動会における問題は、同様の性格を持つ学校行事である学芸会でも生じ、議論がなされた。運動会や学芸会の「お祭り的」性格（娯楽性）は、小学校が地方改良運動で求められた、保護者や地域住民との連携強化を果たすことに一定の有効性を持つものであった。しかし、

その一方で、開催準備に多くの時間を必要とするため、正課の活動に不足が生じ、児童の教育に支障をきたすことになる。さらに、地方改良運動の指導者が問題視し改善を目指した、「奢侈の風潮」「利己心の増大」「安易な利殖の増加」など、民衆の生活・労働観を学校に持ち込むこととなった。当時の小学校は、自身の負担増を伴い、国の政策で要求されたものを実現させる取組みを行うが、それによって、成果とともに逆効果を生むというジレンマに陥ってしまったのである。

図表3　長良尋常高等小学校の運動会プログラム［1907（明治40）年］

開 会 式			昼 食		
順番	演 技 種 目	学年	順番	演 技 種 目	学年
1	フ ー ト ボ ー ル	高男3・4	46	フ ー ト ボ ー ル	高女1・2
2	変 装 競 争	尋男4	47	提 灯 持 競 争	高女1・2
3	二 週 競 争	高男2	48	頭 巾 被 せ	尋男3
4	旗 立 競 争	尋男3	49	古 武 士 返 送	高男3・4
5	糸 巻 競 争	尋女4	50	点 燈 競 争	尋女4
6	源 平 毬 入	尋女1・2	51	鐘 叩	尋男1
7	戴 嚢 唖 鈴 拾	高男3・4	52	一 週 競 争	尋男4
8	四 色 旗 送	尋女3・4	53	重 荷 競 争	高男2
9	三 色 旗 集	高男1	54	マ ー チ ラ ウ ン デ ル	高女全
10	提 灯 持 競 争	高男3・4	55	障 害 物 競 争	高男1
11	俵 送	尋男2	56	盆 毬 送	尋女3・4
12	唖 鈴 拾 競 争	尋女3	57	達 磨 落	尋女1
13	障 害 物 競 争	尋男3	58	登 校 準 備	尋男3
14	撒 水 競 争	高女1・2	59	福 引	尋女3
15	金 太 郎	尋男1	60	唖 鈴 釣	尋男4
16	跛 足 競 争	高男1	61	盆 毬 競 争	高女1・2
17	障 害 物 競 争	高男2	62	鉢 巻 奪	尋男1
18	折 鶴 競 争	高女3・4	63	一 週 競 争	尋男3
19	桃 太 郎	尋1・2	64	漁 業	尋女3・4
20	重 荷 競 争	尋男4	65	障 害 物 競 争	高男3・4
21	点 燈 競 争	尋女3	66	桑 摘 競 争	高女4
22	綱 引	尋男3・4	67	綱 引 き	尋男1・2
23	唖 鈴 積 競 争	尋男3	68	達 磨 落	尋女2
24	鐘 叩	尋女1	69	戴 嚢 擬 馬	高男1
25	三 週 競 争	高男3・4	70	福 引	高女1・2
26	朝 日 に 匂 ふ	尋男3・4	71	兎 飛	高男3・4
27	的 破	尋女2	72	輪 廻 競 争	尋男3
28	障 害 物 競 争	尋男4	73	汐 干 狩 競 争	尋女3
29	舌 切 雀	尋女1	74	唖 鈴 奪	尋男2
30	変 装 競 争	高男2	75	福 引	高男2
31	福 引	高男3	76	撒 水 競 争	高女1・2
32	行 進 遊 戯	高女1・2	77	メ ヂ ー シ ン ボ ー ル	高女1・2
33	一 週 競 争	高男1	78	部 隊 教 練	高男全
34	晴 雨 競 争	高男3・4	番外	臨 校 児 童 競 争	
35	兎 ト 亀	尋女2		職 員 競 争	
36	担 架 人 送	尋男4		来 賓 競 争	
37	ス プ ー ン レ ー ス	高女1・2		補 習 学 校 生 徒 競 争	
38	戴 嚢 競 争	高男1		閉会式	
39	日 本 男 子	尋男2			
40	盆 毬 競 争	高女3・4			
41	晴 雨 競 争	高男2			
42	桑 摘 競 争	高女1・2			
43	扇 子 体 操	高女2・4			
44	盆 毬 競 争	尋女3			
45	綱 引	尋男1・2			

「稲葉郡長良尋常高等小学校秋季大運動会演技一覧表」より作成。

図表4　絵葉書「松山第一尋常小学校の運動会」[1911 (明治44) 年]

4. 地方改良運動において求められた「自治」的精神の養成

　日露戦争で疲弊した町村行財政の再建を図った地方改良運動で鍵となっ
たのが、「地方自治」の確立であり、そのための活動の一つとして、1909 (明
治42) 年から、内務省により地方改良事業講習会が開催される。そこでは、
内務省をはじめ文部省や農商務省の官僚が主要な講師となり、各府県・郡
で行政の中心的立場にいる者を対象に、市町村を監督・指導する際の心得
などを説いた。「自治の本義」という題目で講演を行った内務官僚は、求
められる「自治」のあり方について、「下位組織が上位組織と一定の距離
を置いて独自の判断に基づき行動することを認めるもの」(西洋的なもの)
ではなく、あくまでも「上位組織が目指すものをより効率的に実現するた
めに下位組織に与えた一方法」であると述べている。
　第1節で述べたように、日露戦争後の地方改良運動においては、国に頼
らず自力で地元の復興を実現しようとする意思 (「自治」的精神) を持った
住民の育成―「学校中心自治民育」―が図られ、小学校がその役割を担わ

された。そして、当時の市町村と住民に求められた「自治」が、先述の内務官僚が示した内容であれば、小学校の教員は、それを理想とした指導を児童や保護者・地域住民に行うこととなる。その具体的な方法としては、以下のようなものがあげられる。

◆児童に対する直接的指導
① 「児童心得」の配付
　　校内での注意事項だけでなく、教員の目が届かない登下校中や家庭での心得も掲載されており、自己管理・「自治」を奨励する事項が盛り込まれている。具体的には、「受持ヲ定メテ掃除ヲセヨ」「自身ノ持物ハ常ニ整頓セヨ（親ニ世話ヲヤカスナ）」「外出スルトキハ予メ行先帰宅ノ時刻等ヲ父母長上ニ告ゲ其ノ許ヲ受ケヨ」といったものがある[10]。
② 通学団の設置
　　校外での生活・行動を児童自身によって管理させる組織で、学校により任命・解任される団長・副団長は、児童の「問題行動」の取締りを任務として与えられた。正副の団長は、「児童の代表者」というよりは、「教員の代理監視人」であった。
◆家庭との連携（保護者への指導を含む）
① 「保護者心得」の配付
　　「児童心得」を解説したものであり、内容は、「家庭が学校とは一定の距離をとって、独自の判断で児童の教育を行う際の参考程度のもの」というよりは、「学校の"下請け"として校外での児童の教育を行う家庭に対し、厳守を求めるもの」であった。
② 家庭訪問の実施
　　実施の理由は、「保護者心得」の配付と同様で、第1節で述べた「家庭に対する学校側の不信・不満」（学校教育への理解力や教育力の低さ）であり、文書による連携では不十分と考えての対応であった。

以上のような取組みの他に、「学校での教育の成果が"破壊"される恐

れの高い時期」と考えた、夏季や冬季の長期休業期間においても、校外指導に力が注がれた。具体的には、児童や保護者の「心得」を配付するだけでなく、児童の「自治」的組織として、「復習組合／団」や「朝起／鍛錬会」が学校により設けられた。前者は、通学団を単位とした組織で、児童に課した宿題を集団で取り組ませた。また、後者は、早朝に学校や神社へ児童を集め、教訓提示と運動を実施した。

　児童や保護者・地域住民の「自治」的精神を養成することが求められた、小学校による校外指導は、児童や家庭の主体性を考慮したものではなく、管理の手段としての性格が強いものであった。その理由として、二つの事柄があげられる。一つは、児童の主体的活動には都合の良い環境であるはずの校外の方が、学校にとって不都合な—学校教育の成果を壊す—要素が多く、家庭は「自治」能力が不足しているという、学校側の認識である。そして、もう一つは、当時求められた「自治」が、組織の代表者を構成員の利益代表として位置づける—権利を主張し他者から自分の立場を守る—ことを否定するものであり、上位の者が掲げた目標をより効率的に達成するために、自身の役割を下位の者に分担させる—これによって帰属意識を高める—ことを意味した点である。「自治」を実行する者の主体性が尊重されず、当事者間の対等な関係が成立していない状況にもかかわらず、「地方自治」の確立が目指され、それを担いうる住民の育成が小学校によって行われたのである。

おわりに

　日露戦争後、国民の「自治」的精神養成を図る地方改良運動の影響を受け、小学校は、児童の教育に加えて、保護者や地域住民の指導・教化も担う、重要拠点として位置づけられた。そして、自身の活動対象の拡大に伴い、役割の負担増加に直面した。児童の教育手段にとどまらず、地域社会との密接な関係形成を図る場として、多様な教科外教育活動が実施されるようになる。しかし、保護者や地域住民に対する指導・教化の意味を強く与えて活動に力を注ぐことにより、校内を中心とした児童に対する教育という、基本的な役割の遂行に支障を生じさせ、その対応に苦慮することと

なった。また、年齢や社会的立場の異なる児童と保護者・地域住民を活動
対象に据えることは、教員にとって、自己の存在意義を一層重く多様なも
のにするとともに、実践における拠り所・価値観の揺れ動きの中に身を置
く状況をもたらした。

　現代における「開かれた学校」は、地域社会との連携・協働による、学
校に依存した教育のあり方の改善—学校の負担軽減（スリム化）—を目指
している。しかし、それは、両者の間で負担の割合が変化するといった単
純なものではないであろう。まして、コミュニティの基盤が揺らぐ中、地
域づくりの中心拠点になることを求められる状況では、従来と質の異なる
新たな負担が学校に生じると考えられる。それゆえ、「開かれた学校」の
推進には、財政的・人的基盤の充実が求められるが、その際、保護者や地
域住民による「自治」が「自助努力」の意味を持ち—自己負担の増加をも
たらし—、行政による財政負担の回避にならないよう、留意する必要があ
ろう。

注
1）警察や地方行政などを統轄した中央官庁で、1947（昭和22）年に廃止される。
2）明治期の就学率は、中頃（20年代）で50％前後であり、90％を超えるのは30年代後
　　半のことであった。
3）地域の特徴をふまえて、養蚕や養魚が実施される場合もあった。
4）「学校園に関する所感と我校の学校園」『岡山県教育会誌』第101号．1910（明治43）
　　年11月．p.38.
5）山崎延吉（1935）「農村教育論」『山崎延吉全集』第3巻．p.41.
6）「運動会論」『北海之教育』（復刻）第18巻下第186号．1908（明治41）年7月．p.4.
7）同上．p.5.
8）「運動会に関する理論の研究は如何」『北海之教育』（復刻）第19巻下第200号．1909
　　（明治42）年9月．p.27.
9）「運動会に関する施設」『帝国教育』（復刻）第417号．1917（大正6）年4月．p.30.
10）「児童日常心得」愛知郡沓掛尋常高等小学校『校規』、1917（大正6）年以後数年間
　　で作成と推定、1989年豊明市立沓掛小学校複製。

参考文献
・内田純一（1995）「師範学校における『自治』概念と教科外教育活動—日露戦争以降

の時期を中心に―」名古屋大学教育学部教育史研究室編『教育史研究室年報』第1号．
　pp.49-70.

・内田純一（1996）「学芸会の教育目的の二重性とその矛盾―普及・定着期における愛
　知県を事例として―」全国地方教育史学会編『地方教育史研究』第17号．pp.43-68.

・内田純一（1997）「近代日本における校外指導に関する考察―日露戦争以後の〈自治〉
　的精神養成との関連から―」名古屋大学教育学部編『名古屋大学教育学部紀要―教育
　学科―』第43巻第2号．pp.91-101.

・内田純一（1997）「地方改良運動における小学校と地域社会―〈小学校拡張〉の問題
　を中心に―」名古屋大学教育学部教育社会史研究室編『教育社会史研究室年報』第3
　号．pp.1-25.

・内田純一（2000）「運動会の教育目的にみる小学校と地域社会の関係―地方改良運動
　下の運動会論の検討を中心に―」篠田弘監修／井上知則・加藤詔士・高木靖文編『歴
　史のなかの教師・子ども』福村出版．pp.57-70.

第3章　夜間中学から「学び」を考える
－学習権の保障と主体形成－

大貫　守

はじめに

　「なぜ学校で学ばなければいけないのだろうか」。誰もが一度はこの問い
を考えたことがあるかもしれない。この問いに対して、学校を卒業して得
られる資格や学歴などの教育資格を重視し、教育を社会移動の手段と捉え
る立場からは「学歴がないと今の時代、ろくに就職もできないから」とい
う答えが出てくるだろう。一方で、学校で教わる内容に社会的な価値を見
る立場では「学校で知識を学ぶことで、社会で活躍する人材になることが
できるから」と答えるだろう。この他、家庭や地域から排除されてきたも
のからは「学校は1つの居場所で、勉強を隠れ蓑にすることで逃げ場（避
難所）となりうるから」という答えも出てくるかもしれない。

　しかし、学校での学びは進学や就職といった既存の社会への適応へと矮
小化されうるものなのだろうか。また、避難所として子どもたちを匿うシェ
ルターとなればよいのだろうか。このような問いを扱う際には、通例、公
教育での学びを相対化するため、それとは異なる理念をもつフリースクー
ルやオルタナティブスクールの実践が取り上げられ、検討されてきた。

　本章では、この脱学校化された学校の学びではなく、夜間中学での学び
に着目したい。夜間中学とは、公立義務教育機関である中学校の二部学級
にあたり、公立中学校で夜間に授業が扱われる形態を指す。これは、学校
教育法施行規則第25条に法的根拠をもっていた。夜間中学では、様々な事
情で満足に義務教育を受けられなかった、人々が、夕暮れ時に中学校に登
校し、習熟度別などの形で分けられた教室で読み書き算などを学ぶ。

　夜間中学は「典型的な学校でないにも関わらず、最も学校的なものとも

語られる両義的な学校」[1] と語られているように、脱学校化された学校と典型的な学校の「境界」に位置する学校である。そのため、夜間中学の学びを検討することは、いわば学校教育の光と陰の両者の視点から学校における学びの在り方を再考する契機を内包している。

　夜間中学は、教育機会の保障の観点から「あってはならないが、なくてはならない」[2] と表現されている。戦前から保護者がその保護する子どもに普通教育を受けさせる義務を負い、他方で子どもが教育を受ける権利が保障され、それを前提とした教育体系を組み立てている日本では、義務教育から漏れ出る人々が存在することは想定されえない。それ故、夜間中学は、「あってはならない学校」とされてきた。

　しかし、現実には既存の教育体系から零れ落ちる人々が存在し、夜間中学はその受け皿となってきた。実際、家庭の経済事情や就学猶予などで学齢期に通学できない理由を抱えた者や引揚・帰国者、定住外国人、不登校経験者など夜間中学に通う人々の背景は多岐にわたり、通学理由も一様ではない。夜間中学は、これらの事情の下であるべき学びが失われてきた人々に実質的な教育の機会を補償する点で「なくてはならない学校」と呼称されてきた。ここにも、「境界」から生じる両義的な性質がみられる。

　一般に、教育福祉という概念を巡って、次の3つの立場があることが指摘されている[3]。まず i) 福祉国家の実現に向けて教育サービスの果たす有効性を追求するもの、次に ii) 学校教育を正常に受けさせるために児童・生徒の就学に関わる条件整備や生活指導・進路指導の問題を扱うことを重視するもの、最後に iii) 全ての国民・子どもたちに福祉サービスの中で曖昧なままに放置された教育権を保障することを目指すものの3点である。

　夜間中学は、この中でも iii) の立場から社会的に困難を抱える者の学習権の保障を追求してきた教育と福祉の「境界」に位置する学校である。ここでは、様々な背景の下で学習権が剥奪されてきた人々と夜間中学での学びに光を当て、どのような人々にどんな学びが保障され、何が学ぶ意義として確認されてきたのか見ていこう。

１．夜間中学校への在籍者と谷間問題

　教育と福祉のはざまに生じた問題を一般に谷間問題と呼ぶ。教育福祉論を唱える小川利夫は「児童福祉サービスそのものの性格と機能の中に、いわば未分化のままに包摂され埋没されている教育的機能ならびに教育的条件整備の諸問題」[4]を教育と福祉の谷間にある問題としてきた。

　夜間中学に通う人々には、この谷間問題が象徴的に反映されている。例えば、1970年を前後して、日韓条約や中国との国交の正常化を背景に、両国からの引揚・帰国者、朝鮮学校や中華学校を卒業したものの、日本で中卒資格を得るために夜間中学への入学を希望する人が見られた。これらの人々は、時代や社会の変化の中で日本の義務教育から零れ落ち、進学を阻まれ、生活に必要な知識等を得られずに生きざるを得なかった。

　夜間中学に通う人々は社会や地域の文脈、時代状況に応じて変容してきた。この点について、江口は夜間中学の変遷を生徒層の変化から次の6つの区分に分けている。①成立期（1947-54年）、②縮小期（1955-66年）、③再編期（1967-1973年）、④拡充多様化期（1974-1989年）、⑤グローバル化期（1990-2013年）、⑥制度化期（2014年-現在）の6つの時期である[5]。例えば、前段落の在日外国人を受け入れ出す時期は、③の再編期に当たる。

　戦後、新学制の開始とともに不就学・長期欠席の子どもたちへの対応が叫ばれる中で、夜間中学が成立する。教育の機会均等や児童労働の禁止、貧困の解消や不良化への危惧などを背景に、思想的な左右を問わず、非行少年や権利保障の枠の外に置かれた外国人、就学猶予・免除とされた障がい者を除いた、全ての子どもたちに公教育を保障すべきと主張され、全国に157校の夜間中学が開校された[6]。ここで、全ての子どもたちとは社会で周縁化されたもののうち、学習権があると認められたものであった点には留意しておく必要がある。

　③の時期には、先の在日外国人に加えて、①や②の時期には権利枠外とされた人々の義務教育保障にも目が向けられた。夜間中学の卒業生である高野雅夫らが教育権や生存権の保障を全面に掲げた公立夜間中学開設運動[7]などを背景に、例えば、義務教育未修了の学齢超過者や特殊学級に在籍していた子どもたちの義務教育保障の問題が議論の俎上へと載せられ

た。この時期には、夜間中学の受け入れ層が拡大され、その層への義務教育保障という新たな役割を夜間中学が担うようになった。

　⑤や⑥の時期になると、この受け入れ層が更に変貌を遂げる。⑤の時期には、ニューカマーと呼ばれる人々が夜間中学に通学し始める。他方で、何らかの事情で実質的な学校教育を享受できず、卒業証書を得て卒業してしまった形式卒業者や不登校の生徒に対して、例外的に実質的な読み書き算の力を保障する場としても位置づけられてきた。

　⑥の時期は、特に夜間中学の在り方を巡る1つの転換点となった。冒頭で述べたように、政府は夜間中学を「あってはならない学校」と位置づけてきた。そのため、中学校の卒業証書をもつ人や学齢期の子どもは、原則として受け入れができなかった。だが、2016年の「義務教育の段階における普通教育に相当する教育の機会の確保等に関する法律」のもとで義務教育未修了者の中に「その機会の提供を希望する者が多く存在することを踏まえ、夜間そのほか特別な時間において授業を行う学校における就学の機会の提供」（第14条）をすることが記され、夜間中学に正式な立ち位置が与えられた。

　加えて、都道府県に最低一校の夜間中学を設置する方針が表明された。そこでは、年齢又は国籍、そのほか置かれている事情にかかわりなく能力に応じた教育を受ける機会を保障するという原則が掲げられ、学齢超過者や形式卒業者の通学も認められた。

　夜間中学は、何時でも社会の受け皿から零れ落ち、困っている人々のセーフティーネットとして作用する一方で、法制度や社会、義務教育の在り方を問い直してきた。具体的には、就学猶予・免除の障がい者、外国籍の学齢児童、学齢超過者、そして学校から意図的に離れたものや排除された者などへと学習権を保障するために、その変遷において公的保障の境界線を拡張してきた。その中で、多様な人々の要求（ニード）が色濃く反映されてきた。

２．夜間中学における授業実践

　このように多様な背景から生じる様々な要求（ニード）をもつ人々に対して、夜間中学は何を提供し得たのだろうか。もちろん、社会や時代状況の中で人々

の要求は変化するため、その内実を一概に論じることはできない。加えて、夜間中学の意義は、居場所の提供や教師と生徒の関係性など、多様な側面から分析されうるものであり、その全てを語ることは筆者の手に余るものである。ここでは、これまで学習権の枠外に置かれていた者たちに学習機会が与えられた④の時期区分を中心に、そこで行われた漢字に関するカリキュラムと指導の事例に着目して上記の問いに迫ってみたい。

　一般に、初等中等教育で扱われる漢字は、常用漢字を基本としている。常用漢字とは、法令、公用文書、新聞、雑誌、放送など、一般の社会生活で現代の国語を書き表す場合の漢字使用の目安とされ、漢字で文書が書かれる際の１つの規準となる。そのため、現在に至るまで学習指導要領において国語科で教えられる漢字を提示する際にも、この2136字の常用漢字が参照され、学校種ごとに常用漢字の段階別割り振り表も示されている[8]。

　しかし、夜間中学に通う人々には、この常用漢字の獲得は重い楔となりうる。通常、漢字は全日制の学校に通う児童・生徒であってもつまずくことが多く、壁になるものである。まして、ある程度の年齢を過ぎた方や日常でアルファベットなどを使用し漢字そのものが異文化な人々には一層、漢字の習得は困難なものとなる。特に、常用漢字に含まれ、通常は高等学校で扱われる威嚇の「嚇」や中学校で扱われる御璽の「璽」などの漢字は知らなくても、日常生活において必ずしも困るものとはいい難い。

　そこで、東京都の公立夜間中学の教諭、見城慶和らを中心に東京都の区立大塚中学校の特別支援学級の教諭山田一彰らが開発した「国語語彙表」をもとに作成したものが生活基本漢字と呼ばれる夜間中学で習得されるべき381字の漢字を定めたリストである（表１を参照）。この生活基本漢字は、「ひらがな・カタカナ学習後、はじめてかんじを学習する生徒を対象に生活に必要な漢字を身につける」[9]という趣旨のもとで家庭や職場、公共施設への訪問や、「分類語彙表」を参考に選定されたものである。

表1　生活基本漢字（381字）

（【　】はカテゴリーを、■は重複漢字を、〈　〉内は準生活基本漢字を示す）[10]

【①基礎（51字）】
一、二、三、四、五、六、七、八、九、十、百、千、万、分、時、円、日、月、火、水、木、金、土、字、枚、人、赤、青、黒、白、黄、大、小、中、前、後、半、熱、左、右、明、治、正、昭、和、多、少、広、上、下、冷

【②履歴書（26字［引用注―原文では26字だが25字と表記されている]）】
氏、名、男、女、生、年、歳、親、父、母、夫、妻、兄、姉、弟、妹、子、住、所、本、籍、印、履、歴、〈才・婦〉

【③衣食住（24字）】
衣、食、寝、起、部、屋、階、家、紙、飲、米、油、魚、肉、買、酒、高、安、売、服、着、糸、電、気

【④身体（21字）】
体、目、耳、歯、手、足、指、骨、口、胸、頭、腹、鼻、息、顔、首、血、胃、身、病、院

【⑤病院（15字）】
救、急、入、受、付、内、科、外、児、診、察、室、医、者、薬

【⑥公共施設（22字）】
公、共、役、保、健、福、祉、職、業、定、園、銀、行、郵、便、警、番、号、施、設、安、察

【⑦標識（18字）】
看、板、標、識、注、意、非、常、危、険、禁、煙、自、動、押、引、出、洗

【⑧交通（14字）】
交、通、車、乗、運、転、地、鉄、特、道、路、駅、普、期

【⑨自然（17字）】
春、花、川、雨、夏、夜、田、草、空、昼、海、山、秋、風、石、冬、朝

【⑩地理（64字［引用注―原文では64字だが65字と表記されている]）】
北、南、西、東、都、府、県、区、市、村、町、図、地、道、森、岩、宮、城、形、島、茨、栃、群、馬、埼、玉、葉、京、神、奈、潟、富、井、梨、長、野、岐、阜、静、岡、重、滋、賀、阪、兵、庫、歌、鳥、取、根、徳、香、媛、佐、崎、熊、鹿、沖、縄、関、近、畿、州、方

【⑪職業（27字）】
仕、事、会、社、営、商、店、届、働、務、工、場、作、募、集、労、休、給、料、税、失、欠、勤、当、組、合、残

【⑫学校生活（29字）】
学、校、教、勉、強、週、間、始、終、徒、先、国、語、数、理、英、音、楽、美、術、育、技、卒、式、〈記、活、係、庭、曜〉

【⑬社会生活（30字）】
世、界、新、聞、放、送、無、責、任、害、政、良、悪、貧、弱、不、由、法、律、憲、平、民、主、義、権、利、選、戦、争、自

【⑭個人生活（23字）】
物、知、思、友、信、感、考、愛、願、様、書、他、見、言、心、性、命、持、〈個、泣、笑、話、読〉

　この生活基本漢字は、14のカテゴリーから構成されている。表１の①〜
⑭のカテゴリーの順番から読み取れるように、②履歴書を書くことや③衣
食など生きることに密接に関連した事柄から、⑬社会生活や個人生活では、
権利や憲法、自由などの社会の外側に目を向ける言葉や信じること、愛す
ることといった個人が人生について考える言葉を獲得していくといった形
で、具体から抽象へ同心円的に広がるように漢字が組織されている。

　このように漢字を選定して教えることについては、①教えるべき内容を
網羅できていないのではないか、その結果、②生活に必要な語彙力が不足
しているのではないかという批判も想定されうる。これらの点について、
見城は次のように語る。まず①について、漢字は学校で全てを教えられる
ものではなく、様々な本を多読し、螺旋的に何度も読み書きし、道具とし
て用いることで身につくものである。そのため夜間中学では、生活基本漢
字を通して、その身につけ方を教えればよいという[11]。あくまで特定の漢
字を教えることが目的となるのではなく、それを素材としながら自らで学
習する際に必要な学び方の基礎を育むことが意図されている。

　また②について、漢字はあくまでその習得の方法を身につけるものと
いいつつ、そこでは生活において読み書きの核となる語が選ばれてい
る。実際、新聞等で生活基本漢字の使用率が高いことも明らかにされてい
る[12]。このように生活基本漢字の学習を通して生活等で要となる語とその
習得方法を十全に獲得することで、各々が後々に必要な漢字（や学び）を
自律的に身につけられるようになることが目標とされている。

　しかし、このような生活基本漢字も、機械的な暗記を強いるのであれば、
その意義は半減してしまう。夜間中学に訪れる人々の要求_{ニード}には、労働者と
して給与明細を読めるようになることや、求職者として履歴書を書けるよ
うになること、市民として回覧板などのお知らせの内容を掴めるようにな
ることがある。されども、彼女・彼らの生活文脈から離れ、真正性のない
学校化された形で漢字が教えられてしまえば、生活に必要な漢字を精選し
た理由が失われてしまう。

　これを踏まえて、先の見城慶和を含む東京都公立中学校二部授業資料開
発委員会が開発した自主教材の１つが『国語二』（1975）やその改訂版で

ある『国語八』（1983）である。資料１は、『国語八』の教科書の一部であり、資料２は、『国語八』の教科書全体の構成を示している。

『国語八』は、生活基本漢字のカテゴリーに沿って並べられている。「履歴書を書こう」や「おばあさんの病気」といった教科書の目次からも読み取れるように、各節は、カテゴリー内の漢字が用いられる生活場面を意識したタイトルとなっている。加えて、教科書の本文には、実際に履歴書を書くときに出会う単語とその意味が織り込まれている。それにより単語を自分の経験と照らし合わせながら理解し、自分で書くことができるようになることが意図されている。

この他、教師は個々の職業で求められる技量を養うように授業を組み立てることもある。例えば、食堂や喫茶店で働く場合、注文を瞬時に聞き取り、メモができなければならない。そこで見城は、２つ３つ何かの名前を言ってさっと書き取る練習を授業に取り入れている。このように教科書だ

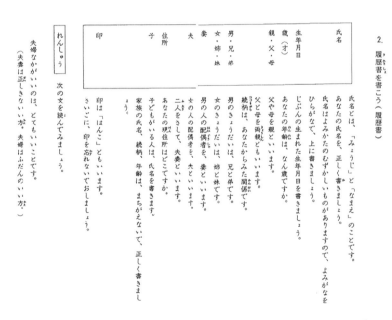

資料１　『国語八』の教科書（「第２節　履歴書を書こう」を抜粋）[13]

```
  1．まず、これだけはおぼえよう（基礎）
  2．履歴書を書こう（履歴書）
  3．ひっこしのあと（衣・食・住）
  4．うちのおばあさん（身体）
  5．おばあさんの病気（病院）
  6．ぼくときみがくらすまち（公共施設）
  7．注意してよく見よう（標識）
  8．電車にゆられて（交通）
  9．わたしの四季（自然）
 10．地図をひらいて（地理）
 11．いろいろな仕事（職業）
 12．楽しい勉強（学校生活）
 13．外に向かって目をひらこう（社会生活）
 14．ひとりひとりの人生（個人生活）
 15．勉強したことを整理しよう（練習）
   （1）反対の意味を表すことば
   （2）なぜ、漢字にはいろいろな読み方があるのでしょう
   （3）漢字あそび
   （4）部首でなかまの漢字をおぼえましょう
   （5）慣用句を学びましょう
 16．生活基本漢字の読み方と筆順
```

資料2　『国語八』の構成（引用者が目次をもとに作成）

けでなく授業も学習者の生活との連続性を意識した形で構成されている。

　見城の漢字指導の実践を眺めてみると夜間中学の先生が目のお医者さんと表現されることは正鵠を射ているともいえる。全日制の学校を出た人には読み書き算などの習得は当然と思われるかもしれない。しかし、買い物をする際にも不安を抱える夜間中学に通う人々にとって、一連の授業を通して読み書き算を含む成人基礎教育[14]が保障されることで、これまで見えなかった目を開き、自由に生きていくことができる。それは、生活と結びついた重い鎖から生徒を開放する契機となりうるのである。

3．夜間中学で育まれる生きる力とそれを支え励ます文法

　これまでの流れを汲むと、夜間中学で育まれる力は、単に社会に適応する力に矮小化されてしまうのではないかと疑問に思われるかもしれない。

　確かに、単純に生活に根ざした漢字の読み書きに留まれば、その可能性を否定できない。しかし、ここで興味深いことは、見城が文字の獲得を主たる目的とするのではなく、あくまで道具と捉え、むしろそれを生きる力と結びつけ、生きる力を支え、励ますことを企図していることである[15]。

　その1つとして、見城が提案するものが「生きる力を支え励ます文法」である。これは、次の4つの柱から構成される。まず①上位・下位の概念を明確にすること、次に②他動詞を意識的に使うこと、③可能動詞で可能性を否定しないこと、最後に④形容詞の落とし穴に注意することである。

　例えば、①について、平泳ぎ（下位概念）が不得手な子どもは、「水泳や運動(上位概念)を苦手」といってしまう。しかし、平泳ぎが上手くなくとも、運動が得意ということはありえる。また③について、子どもたちが「書けないから」、「しゃべれないから」という否定表現を用いてその行動を拒否することで、自分自身の可能性を封じ込めてしまうことがある。具体的には、「どうせしゃべれないから、しゃべらない」といった形で、試すことなく、自らの行為を止めてしまう。このように、自分を表現する言葉が自らの行動や認識を制限してしまわないように細かな言葉にも目を向ける。

　この見城の言葉へのこだわりは、心と言葉の相互関係を前提としていることから生じている。「言葉を磨き、点検しながら大切に使う努力をしていくと、ものの考え方が柔らかくなり、生活姿勢が変わ」ると見城は述べる[16]。多くの場合、心にあるものを表現するために人間は言葉を用いると考える。しかし、見城は考えた言葉や磨かれた言葉を通して心（ものの考え方等）が表出される道も重視する。そのため、表出される言葉を鍛えることで、より心を柔軟にし、生き方の幅を広げることへとアプローチする。

　この表現と生き方へのアプローチとして、見城は生徒に自身の生活の具体的な問題を考えさせ、胸に抱えた想いを綴方（作文）として綴らせることに心血を注いだ。例えば、母親に捨てられ、生活が困窮し、小学校に1ヶ月しか通えず家族を恨んでいた青年が「夜間中学校で学ぶうちに自分が何をこそ本当に悲しみ、何を憤らねばならなかを知ったのです。そして、今の社会や政治をしっかりと見つめることも教わったのです」[17]と綴っている。この綴方からは、この青年が夜間中学で学ぶことで家族という私的で

ミクロの問題の背後にあるマクロで公的（政治的）な社会構造の問題を問い直すだけの現実への認識を鍛えてきたことが窺いしれる。この他、見城は夜間中学で生徒の生活背景を理解するため、同僚と家庭訪問や職場訪問を行っている[18]。このように生徒の生活を知る行為が上記の綴方の指導の土台となっていることはいうまでもないだろう。

　加えて、見城は生きる力を育む方策として、文字の獲得だけでなく「人生いかに生きるかを考えるのに役立つ文学作品を一作以上読む力」を伸ばしていくことを位置づけている。具体的には、授業において石川啄木や宮沢賢治などの作品を取り上げて、生徒とともに考える授業を行う。

　このような授業では生徒が作品を媒介に自分の人生を振り返ったり、自分の身に置き換えて考えたりすることが主たる目的となる。映画『学校』で不登校少女のえり子のモデルとなった清田順子さんの事例をもとにみてみよう[19]。石川啄木の『一握の砂』を取り上げた際、清田さんは「とかくして家を出づれば日光のあたたかさあり息ふかく吸ふ」という詩に惹かれた。そこで、見城はそれを真似て自分の気持ちを表現してみようと働きかけた。すると彼女は、「暖かき光を浴びて輝ける菜の花畑を渡るそよ風」と自分の気持ちを詩に込めて、春の菜の花畑の様子を描いた。

　啄木の詩には、家の中にある重苦しい現実と外の暖かで心地よい世界が対比的に描かれている。他方で、不登校で人目を避け、家に引きこもりがちであった清田さんは、自分の人生をこの詩に重ね、暗い影を落とした家から出て、夜間中学を通して外の世界で頬を撫でる風にふれる気持ちよさを詩を通して表現している。このように、作品との対話を通して、もしくは自らで綴り、それを読み合うという営みによって、自己の認識が深化していくこと、そして自ら人生を引き受けて生きていけるようになる力を育むことが主眼に置かれている。ここにおいて、夜間中学で行われる見城の実践では、単に既存の生活への適応に解消されない、自らの生き方への熟慮や、よりよい生への追求が行われていた。

おわりに

　夜間中学での学びから見えてくる学校や教育の意義とは何か。もちろん、

その全てを一元的に論じることはできないが、冒頭のように政治・経済の発展や社会（現状）の要求に適応する人間を育てることのみには必ずしも矮小化されえないものであったといえる。夜間中学での学びは、確かに社会に規定されつつも、これまで見てきたように社会を構成する主体に教育的発達を促すことで熟慮と表現の手段を与え、身近な生活、ひいては社会そのものを再構成する可能性にも拓かれているのではないだろうか。

　このような夜間中学での学びを巡って、⑤のグローバル化期以降、ニューカマーが増え、生活基本漢字の修得すらままならず、その改訂が余儀なくされる[20] など、その時代に応じた教育内容やその配列、指導方法の在り方が改めて模索されている。この他、一般的な指摘として文字の獲得は、確かに支配階級の文化に参加する可能性をもつものの、その文化に絡めとられたり、新たな差別の温床となったりする危険性も孕んでいる。夜間中学の学びも、それ自体が絶対視されるものではなく、それを窓口とすることで、特定の国民国家を前提とした国民形成に向けた義務教育の在り方や共通教養の内実を問い直すことも必要だろう（cf. 江口、2018など）。

　最後に、夜間中学の卒業生の作文の一節を取り上げたい。「学校をそつぎょうしたら、私はまた、ひとりぼっちで夜ふとんの中で泣いてくらしていくのです」[21]。ここからは、社会との唯一の接点である学校からの卒業により、以前のように孤立化することへの生徒の恐れや不安が読み取れる。

　夜間中学では、生徒の学びの権利が保障される一方で、生活保護の申請の援助など現在のSSWerに近い、福祉的な営みが行われてきた。加えて、生活困窮などの共通の土台が生徒に担保され、自らの生活を語ることのできるような安心の空間も作られてきた。だが、夜間中学を卒業後、基礎学力が不十分なままに居場所や学び、福祉的サポートの機会を失い、上記の作文にあるように生徒が孤立化したり、再び教育と福祉の谷間へと零れ落ちてしまったりすることが危惧される。それは義務教育段階における長期欠席者の形式卒業後の問題や、学習・生活支援事業の教育と福祉の結合を巡る問題のように夜間中学に限定されるものではない。この中で、教育福祉という側面から、夜間中学という周縁化された学校を通して改めて学校という場で何ができるのか（逆に何ができないのか）が問われている。

注

1 ）江口怜（2018）「夜間中学の成立と再編」『日本における学校化社会成立の諸相　研究成果報告書（研究代表：木村元）』p.52.

2 ）塚原雄太（1968）「あってはならないがなくてはならないもの」『若い広場』258号. p.19.

3 ）高橋正教（2001）「教育福祉研究」同他編『教育福祉論入門』光生館. pp.226-229.

4 ）小川利夫（1985）『教育福祉の基本問題』勁草書房. p.151.

5 ）江口（2018）前掲論文を参照。なお、江口は、全国夜間中学校研究会の動向で時期区分をしているが、この他にも学校数・生徒数の推移をベースに、文部省の方針変化や象徴的な出来事、国内外の社会変動等を勘案し時期区分が行われてきたことも指摘している（江口怜（2022）『戦後日本の夜間中学－周縁の義務教育史』東京大学出版会）.

6 ）同上論文.

7 ）高野雅夫（1993）『夜間中学生タカノマサオ』解放出版社.

8 ）文部科学省（2017）「音訓の小・中・高等学校段階別割り振り表」（http://www.mext.go.jp/a_menu/shotou/new-cs/__icsFiles/afieldfile/2017/05/15/1385768.pdf 2019/5/12最終閲覧）.

9 ）菅沼正（2019）「都夜中研国語班自主教材『はじめてのかん字100字』の改訂について」『第64回　全国夜間中学校研究大会　大会記録誌』p.99.

10）見城慶和（2016）「夜間中学校における『生活基本漢字』の選定とその指導」『月刊社会教育』9 月号. p.59.

11）見城慶和（2002a）「生きる力を励ます学力の保障」清水寛『続・生きること学ぶこと』創風社. p.441.

12）同上論文. p.61.

13）東京都公立中学校二部授業資料開発委員会（1984）東京都教育庁指導部『国語八』pp.3-4.

14）添田祥史（2008）「『義務教育未修了者の学習権保障』概念の再考」『九州教育学会研究紀要』36. pp.197-204. 及び、添田祥史（2018）「夜間中学をめぐる動向と論点整理」『教育学研究』85(2). pp.196-205を参照.

15）見城慶和（2006a）「夜間中学校は僕らのふるさと」『知るを楽しむ　人生の歩き方』2(15). pp.122-123.

16）同上論文. p.126.

17）見城慶和（1968）「私は夜間中学を選んだ」『若い広場』258号. p.30.

18）江口（2022）前掲書を参照.

19）見城慶和（2002b）『夜間中学校の青春』大月書店. 及び、見城慶和（2006b）「学ぶ楽しさ　すばらしさ」『明日へ』（2005年11月から連載）を参照.

20）菅沼（2019）前掲論文. p.99.

21）見城（1968）前掲論文. p.28.

移民社会ドイツにおける学校づくり

　ドイツは4人に1人が「移民背景をもつ人」という移民社会であり、学校教育においても、生徒の社会的・文化的・言語的異質性を受け入れる多様性のある学校づくりが求められている。移民社会における学校づくりの一例として、ザクセン州ライプツィヒ市の小学校の事例を紹介する。

　ドイツでは移民の背景をもつ子どもに対して、「第二言語としてのドイツ語（Deutsch als Zweitsprache: DaZ）」の支援が行われている。ザクセン州のDaZのクラスは、ドイツ語の習得状況により3段階に分かれる。日常語としてのドイツ語を学び、学校システムを知る第1段階、体育や美術といった、言語能力がそれほど必要ではない科目から通常クラスの授業に参加する第2段階、すべての科目の授業を通常クラスで受け、成績評価の対象になる第3段階である。筆者が2019年10月に参観したアウグスト・ベーベル小学校（August-Bebel-Schule：生徒数約280名）のDaZ Iクラスでは、主に1・2年生と、年度途中にこの学校に来た上級生の計10名が、ゲームをしたりダンスをしたりしていた。DaZ Iのクラスでは、子どもたちは毎日3時間DaZの教室で過ごし、その後、学校内にあるHortと呼ばれる学童保育に行く。DaZクラスを担当するのは、通常クラスの担任である教師（Lehrer）1名と、青少年援助の専門職であるスクールソーシャルワーカー（Schulsozialarbeiter: SSA）2名で、実際にはSSAがDaZ Iの活動を進めていた。

　この学校は言語指導だけでなく、健康的な生活スタイルの指導にも力を入れている。例えば、支援団体による協力の下、無料の朝食提供や果物の配布などを行ったり、クラスの子どもたちみんなでバランスの取れた朝食を食べる会を保護者と共同開催したりしている。社会的・経済的に厳しい家庭への支援や、家庭に代わる食生活の指導は、従来、青少年援助領域が担ってきた役割であるが、ここでは学校がその役割を積極的に果たしている。さらに、授業や休憩時間のなかで日常的に運動の機会を取り入れたり、学内外のスポーツイベントに数多く参加させたりすることで、健康的な生活を促すとともに、言語的コミュニケーションが難しい移民背景をもつ子

どもたちへ配慮しているといえる。

　近年ドイツの学校では、個々のニーズや前提条件に対応した教育を行うことが強調されている。この学校でも、移民背景をもつ子どもに限らず、すべての子どもたちのニーズやレベルに応じるための授業形態（ステーション学習やプラン活動など）や、ボランティアなどによる授業中の個別サポートを取り入れている。また、授業外でも読み・書き・計算の補習や読書促進、スポーツのサポート授業など、さまざまな分野で、多様な機関や立場の人々の協力の下、子どもたちの得意・不得手に応じたサポート体制を整えている。その一方で、「勇気と結束（Mut und Miteinander）」という社会的学習の授業を中心に、子どもどうしの相互作用や連帯といった社会的コンピテンシーを強化することも重視している。この授業は、性教育やメディアリテラシーなどをテーマとしたプロジェクト活動やクラス評議会などを扱うとされ、クラス担任の教師とSSAによって実施される。

　SSAは無料の青少年援助の一つであり、社会文化センターで雇用されているSSAが3名、この学校には常駐している。SSAの役割は、学校の日常生活に関わるすべての人々の間を仲介することであり、子ども、親、教師、Hortの保育者を援助の対象としている。したがって、問題を抱えた子どもやその親に対して相談や助言をしたり、関連機関へつないだりするだけでなく、子どもどうしの関係をつないだり、子ども間の問題を解決することも、SSAの役割になっている。特に、移民背景をもつ子どもたちの間では、言葉が通じないことから暴力問題などが起こりやすい。ライプツィヒ市内の別の小学校では、紛争仲裁者（Streitschlichter）に立候補した子どもたちが休み時間に「緑のベスト」を着て校内を回り、子ども間のトラブルを仲介する取り組みを行っている。そのさい、SSAは子どもどうしのトラブルに直接介入するだけでなく、この紛争仲裁者たちへ仲裁の仕方なども指導している。

　ドイツの学校は教科学習の場としてだけでなく、移民背景をもつ子どもが抱える問題を含め、さまざまな青少年問題にも対応する生活の場へと変化しつつある。SSAが常駐しているのはまだ一部の学校だけであるが、教師とともに、SSAをはじめとした、多様な職種・立場の人々が協働して学校づくりに関与している点がドイツの特徴である。　　　（渡邉　眞依子）

第4章　福祉教育の広がりと地域福祉の役割

渡邊　かおり

はじめに

　社会福祉領域においては、戦後、児童福祉法、身体障害者福祉法、老人福祉法のように、「（支援対象となる）人物＋福祉法」という名称の法律が制定された。また、援助の場面においても、児童福祉、障害者福祉、高齢者福祉等の「人物＋福祉」という言葉が使われ、対象者別の支援活動が行われてきた。これに対し、本章で取り上げる「地域福祉」という言葉は、「地域」という漠然とした言葉が使用されており、分かりづらいものではないだろうか。しかし、地域福祉は今日の社会福祉を論じる上で、重要なキーワードの１つとなっている。本章では、第１節で地域福祉という概念が登場した歴史と背景について確認した上で、第２節で地域福祉に関わるいくつかの具体的なテーマについて取り上げ、第３節で地域福祉の現状と今後について検討を行うこととする。

1．地域福祉の歴史と背景

　戦前の日本においては、今日のように人口の流動性が高くなく、地域に住む人々は互いに顔馴染みであることが多かったために、地域の行事や農作業を協力して行うなど、自主的な助け合い活動が行われていた。だが、戦時中には、総動員体制を推進すべく官主導で「隣組」が組織されて、防空活動、配給の割当等の活動を行うことを強制され、思想の統制や相互の監視活動も行われた。このように、地域における助け合いの歴史は、住民による自発的な相互扶助もあれば、官主導で強制された相互扶助もあっ

　た。こうした前提を踏まえた上で、本節では、戦後の社会福祉において、地域福祉がどのように取り上げられてきたかについて確認する。

　日本はGHQの占領下において、アメリカで行われていた共同募金や社会福祉協議会のシステムが取り入れられるなど、地域における社会福祉活動の仕組み作りが行われた。だが、当時はまだ地域福祉という言葉はほとんど使用されていなかった。その後、日本で地域福祉に対する注目が集まるようになったのは、1970年前後からである。1955年に始まる高度経済成長が続く中で、若者を中心とした農村部から都市部への人口移動による過密・過疎化、公害問題やゴミ問題の広がり、保育所の不足等、生活に関わる諸問題が表れるようになった。このように地域社会の在り方が変化する中で、1971年に厚生省・中央社会福祉審議会答申「コミュニティ形成と社会福祉」や、自治省「コミュニティ（近隣社会）に関する対策要綱」が示されるなど、地域社会における自発的な福祉活動に注目が集まるようになった。そして、社会福祉学者の岡村重夫により、1970年に『地域福祉研究』が、1974年に『地域福祉論』が刊行され、社会福祉の研究においても「地域福祉」という言葉が次第に使用されるようになった。

　また、同じ時期の1970年に、日本は高齢化率（人口の中で65歳以上の高齢者の占める割合）が７％を超えている。それに伴い、それまで社会福祉の中心的な課題であった貧困問題への対応だけでなく、対人福祉サービスへの対応も求められた。そして、入所施設の数が不十分だったという事情もあり、高齢者のケアを在宅で行う方向性が示されるようになった。その後も高齢化率が右肩上がりに上昇する中で、1987年には社会福祉士及び介護福祉士法が成立し、社会福祉や介護に関する国家資格も設けられた。1989年には「高齢者保健福祉推進十カ年戦略」（ゴールドプラン）が策定され、在宅でのケアを支えるホームヘルプサービス、デイサービス、ショートステイといういわゆる「在宅福祉三本柱」の拡充が進められた。

　1994年には高齢化率が14％を超えて、本格的な高齢社会となり、同年には少子化に対応すべく「今後の子育て支援のための施策の基本的方向について」（エンゼルプラン）が策定されるなど、少子高齢化の問題に本格的に対応する必要性が論じられた。1995年には阪神・淡路大震災が発生し、ボ

ランティア活動が盛んに行われ、1998年の特定非営利活動促進法（NPO法）の成立につながるなど、市民活動を行いやすくする仕組み作りが行われた。そして、2000年には介護保険制度が導入され、高齢者のケアを社会的に行う方向性が示された。また、同年に従来の社会福祉事業法が社会福祉法に改正されて、この法律の中で、地域における社会福祉を示す言葉として、初めて「地域福祉」という言葉が使われるようになった。

　以上のように、地域福祉は1970年代より注目が集まるようになり、高齢化の進展も相まって、2000年以降は社会福祉における主要なテーマの１つとなっている。今日では、人口の多い団塊の世代が2025年に75歳以上の後期高齢者となることから、地域の実情に合った住まい・医療・介護・予防・生活支援が一体的に提供される体制を目指す「地域包括ケアシステム」の構築が進められている。また、厚生労働省は、「地域共生社会」の実現を目指し、制度・分野ごとの「縦割り」や、「支え手」「受け手」という関係を超えて、地域を共に創る方針を打ち出すなど、地域福祉に対する期待は高まっている。

２．地域福祉に関わる具体的なテーマ

　地域福祉に関わるテーマは、私たちの生活に直接かかわりのあるものも少なくない。たとえば、地域福祉にかかわるキーワードとして、共同募金、民生委員・児童委員、福祉教育、社会福祉協議会、ノーマライゼーション、バリアフリー、防災活動、特定非営利活動法人（NPO法人）、地域福祉計画、地域包括支援センター、グループホーム、地域包括ケアシステム、孤立等がある。この中でも、ボランティアや福祉教育、共同募金については、小学校でも取り組まれたり、進められたりしている。また、そのような活動に関わる代表的な機関として、市区町村に設置されている社会福祉協議会がある。本節では、以下、市区町村社会福祉協議会、共同募金、ボランティア、福祉教育について、教育機関との関わりを視野に入れながら、それぞれの概要を確認する。

（1）　市区町村社会福祉協議会

　社会福祉協議会は社会福祉法において、「地域福祉の推進を図ることを目的とする団体」と規定されている。社会福祉協議会は、各都道府県における都道府県社会福祉協議会及び中央組織としての全国社会福祉協議会もあるが、私たちのもっとも身近な地域で活動しているのは、市区町村に設置されている市区町村社会福祉協議会（以下、「市区町村社協」と略記）である。市区町村社協は民間の非営利組織で、1950年代から活動を進めてきたが、1983年に法制化された。

　市区町村社協は、社会福祉に関する全般的な相談窓口であるだけでなく、地域の福祉活動の拠点としての役割を果たしている。たとえば、共同募金の準備と実施、ボランティア活動保険の加入受付、小学校における福祉教育を行うためのプログラム作りやその支援活動等を行っている。また、市区町村等からの委託を受けて、高齢者の在宅生活を支援するための訪問介護や、1人暮らし高齢者に対する配食サービスを実施する場合もあるなど、それぞれの地域の特性を踏まえて、創意工夫をこらした様々な事業に取り組んでいる。さらに、市区町村社協は、低所得者や高齢者、障害者の生活を経済的に支えるための生活福祉資金貸付制度の受付窓口ともなっている。そのため、新型コロナウイルス感染症拡大の影響を受けた失業及び休業等による収入の減少に対応するために、総合支援資金や緊急小口資金の貸し付けも行った。

　また、高齢化が進む中で、1994年に全国社会福祉協議会は、介護予防の推進や高齢者の外出機会を増やすために、「ふれあい・いきいきサロン（以下、「サロン」と略記）」の実施を提起し、現在では主に市区町村社協がその推進を担っている。サロンでは、手芸や絵画、書道などのプログラム、健康体操や卓球などのスポーツ、料理教室、お茶を飲みながらのおしゃべり会、昼食会、商店街への買い物バスツアー等、様々な活動を行っている。サロンの実施場所は、歩いて行けるような近場にあることが多く、町内会や自治会の集会所、公民館、市民センター（コミュニティセンター）、商店街の空き店舗等で開かれている。

　サロンには年齢や性別を問わず誰でも参加できるが、高齢者向けのサロ

ンが最も多く設置されている。高齢者にとって、サロンは外出機会や安否確認の場ともなっており、孤立防止としての機能も果たしている。また、最近では子育てサロンや、三世代が参加するサロン、女性が多いサロンには参加しづらいという男性向けに、男性のみを対象としたサロン等も開かれている。市区町村社協は、サロンを開始・継続するための支援活動を行っている。

　このように市区町村社協は、社会福祉に関する様々な事業に取り組んだり、地域住民やボランティアとも情報交換をしたりしながら、地域における福祉の推進を目指している。

（2）　共同募金

　日本で共同募金が始まったのは、戦後の1947年である。当時は戦争によって社会が疲弊し、母子世帯、傷痍軍人、戦争孤児ら社会的に援護を要する人たちが大勢おり、困窮した生活に苦しんでいた。さらに、こうした人々を救済するために設置されていた民間による社会事業（社会福祉）は、建物等が戦災による損壊を受けており、物価の高騰、物資の入手難、人件費の増加等もあって経営難に陥っていた。

　こうした状況の中で、当時のアメリカで導入されていた共同募金（コミュニティ・チェスト）を日本でも実施するため、幅広い関係者の間で議論が行われた。そして、社会事業のために一元的に資金を募集し、施設・団体の活動を支援するとともに、社会事業への人々の関心と理解を高めようと、1947年に中央及び地方に共同募金会が発足した。その後、1989年に共同募金に対し、「赤い羽根募金」という愛称がつけられ、募金に協力してくれた人に赤い羽根を配付している。

　今日、社会福祉法において共同募金の目的は「地域福祉の推進」と位置づけられている。共同募金は、毎年10月1日から翌年3月31日にかけて、全国一斉に募金活動を行っている。街頭での募金活動、町内会や企業を通じた募金活動、あるいは小学校においても、募金活動が実施されている。集まった募金は、社会課題を解決するための活動や、様々な地域課題を解決するための活動を行う団体に対して助成される。また、集まった募金は、

その都道府県内で使い道が決められており、寄付した人々の身近な地域で役立てられている募金となっている。

　2020年度（令和2年度）の募金総額（一般募金と歳末たすけいを合計したもの）は、約169億円である。集まった募金は、高齢者、障害児・者、児童・青少年、課題を抱える人（災害等被災者や低所得者等）に対する日常生活支援、社会参加・まちづくり支援、社会福祉施設支援、災害対応・防災等に助成された。最も募金総額が多かったのは、1995年の265億円であり、近年は減少傾向にある。NPO法人に対し、直接寄付ができる仕組みが作られたことや、クラウドファンディングの実施等、新たな形での寄付活動が広がっている影響もあると考えられる。

（3）　ボランティア

　ボランティアとは、自分の意志に基づいて、見返りや報酬を期待せず、自ら進んで行う活動のことである。また、お互いに支えあい、学び合うという社会性や連帯性の思想があり、対等で民主的な活動として行われている。

　ボランティアは、戦前から戦後間もない時期には、民間奉仕者、篤志家などとも呼ばれていた。1975年に、全国社会福祉協議会により中央ボランティアセンターの設置が行われ、1977年には「学童・生徒のボランティア活動普及事業」の指定開始と、ボランティア活動保険の創設が行われた。これを機に、教育現場においてもボランティアに対する関心が高まることとなった。そして、1993年には全国社会福祉協議会が「ボランティア活動推進7カ年プラン構想」を公表した。この構想は、社会的にボランティア活動を振興するために、21世紀中に達成すべき目標、課題、戦略を明らかにしたものであった。

　このようにボランティアの推進が図られる中、1995年1月17日に阪神・淡路大震災が発生した。この震災による死者は6,434名、負傷者は43,792名という大規模な災害であり、若者も含めた多くのボランティアが全国から被災地に駆けつけ、その数は延べ137万人以上となった。大勢のボランティアが被災地で炊き出しをしたり、支援物資を配ったりする様子がメディア

でも大きく取り上げられ、ボランティアの重要性が指摘されるようになったため、この年は「ボランティア元年」と呼ばれている。なお、ボランティアの活動を行いやすくするために、1998年に特定非営利活動法人法（NPO法）が施行された。今日では、「保健、医療又は福祉の増進を図る活動」「社会教育の推進を図る活動」「まちづくりの推進を図る活動」等の20分野の活動が、NPO法人のもとで取り組まれている。

　ボランティア活動の具体的な例として、見守り・訪問活動、点訳、朗読、手話、レクリエーション活動、スポーツ教室やキャンプの支援、リサイクル活動、観光地でのガイド、献血等、様々なものがあげられる。ボランティアをしたい人と、ボランティアに協力して欲しい人及び団体とのコーディネート（調整）については、市区町村社協に併設されているボランティアセンターが主に行っている。

　また、最近では大規模災害時に、被災地の市区町村社協に「災害ボランティアセンター」が設置されることが多い。災害ボランティアセンターにおいては、災害ボランティアの受付、作業着やゴム手袋等の持参物に関わる情報提供、ボランティアをしたい人とボランティアに来てもらいたい人のコーディネート等が行われる。また、一部の市区町村社協においては、災害時に備えて、平時から災害ボランティア養成講座を開催し、災害ボランティアコーディネーターの養成を行っているところもある。

（4）　福祉教育

　福祉教育は、様々な意味で使われているが、ここでは国民の社会福祉に対する理解を深めるための教育活動を取り上げる。1968年に全国社会福祉協議会が策定した「市町村社協当面の振興方策」の中で初めて「福祉教育」が明文化され、地域住民に対する福祉の教育の必要性が議論されるようになった。1977年には、国庫補助事業として「学童・生徒のボランティア活動普及事業」が開始された。この事業は、学童・生徒の頃から幼少者・高齢者・障害者等との交流体験や車いす体験、アイマスク体験等を行い、ボランティア活動を進めることで、様々な人々に対する理解を深め、福祉への関心を育むことを目的に行われている。

　そして、2002年度から小・中学校で「総合的な学習の時間」が全面実施となった。その中で、障害者施設等への訪問、人権について理解を深めるための学習、点字や手話等の取り組みが行われている。また、2003年度からは高等学校において、専門教科の「福祉」が実施されている。さらに、2006年に国連で採択された「障害者の権利に関する条約」においては、「インクルーシブ教育」が取り上げられ、障害のある子どもと、障害のない子どもが、共に教育を受けることが推進されることとなった。少子高齢化が進み、外国人の居住者も増えている今日、障害のある人や、異なる年齢や文化的背景を持つ人たちへの理解を深めるための教育は、いっそう重要な取り組みとなっている。

　また、今日では、学校教育の場面だけではなく、社会の中でも福祉に触れる機会は広がっている。たとえば、車いす利用者たちを中心に、1970年代より車いすでバスに乗ることや駅や公共施設にエレベーターやスロープをつけることを求める障害者運動が行われてきた。その結果、駅や公共の建物を中心にバリアフリー化が進み、現在は障害のある人だけでなく、多くの人が駅や公共施設等でエレベーターや多目的トイレ等を使っている。また、街では点字ブロックや音響式信号機の設置、駅ではホームドアの設置等も進められ、福祉を学ぶという意識を持たなくてもバリアフリーに触れる機会も増えている。あるいは、認知症に対する正しい知識と理解を持ち、地域で認知症の人やその家族に対してできる範囲で手助けする「認知症サポーター養成講座」が、大人だけでなく小学生も対象に開かれている。身近で困っている人がいた時に、どのようにすればよいのかについて考えるきっかけとして、学校内外での福祉教育は重要な役割を果たしている。

3．地域福祉の現状と今後

　これまで市区町村社協、共同募金、ボランティア、福祉教育という、私たちの身近な地域福祉とも言える4つのテーマの概要を確認してきた。普段の生活においては、地域福祉はなじみのないという人も、共同募金のように、地域や学校、会社等で参加したことのある人も少なくないのではないか。また、少子高齢化が進み、1人暮らし世帯や高齢夫婦世帯が増加す

る中で、孤立や孤立死を防止するための見守り活動も、今日では重要な課題となっている。

　たとえば、千葉県松戸市の常盤平団地では、2001年に死後3年の50代男性の遺体が見つかり、翌年も孤独死が起きたことから、2002年から自治会と社会福祉協議会、民生委員が協力して「孤独死ゼロ作戦」を開始した。1人暮らしの高齢者世帯を定期的に巡回することで、2004年に団地内での孤独死は21件だったのが、2014年は11月までの集計で9件に減少するなど、活動の成果が顕著に表れた（『中日新聞』2014年11月26日）。このように、地域福祉においては社会福祉の専門職だけでなく、住民の参加も重要とされている。さらに最近では、新聞配達店や宅配・販売関係の店舗等と協定を結び、新聞が溜まっている、電気がつけっぱなしなど、異変に気がついたら市役所等に連絡する仕組みを導入する自治体も増えている。行政の目が行き届かないところにおいては、このような住民や関係者同士の見守り活動が欠かせないものとなっている。

　ただし、地域福祉においてあまりに住民参加を強調しすぎると、住民の負担が重くなるという問題もある。たとえば、見守り活動に対して補助金を出す自治体もあるものの、その活動はほぼボランティアによって担われている。また、国が進めている「地域包括ケアシステム」においても、生活支援・介護予防の領域において、「老人クラブ・自治会・ボランティア・NPO等」が担い手として想定されている。だが、地域によってはこれらの活動が低調であったり、担い手の確保が困難であったりする場合もある。「地域共生社会」が進められている今日、市区町村・都道府県・国が公的責任で担う役割と、住民によるボランタリーな活動の役割は異なることを踏まえた上で、地域住民の「参加」については、それが強制されることのないような配慮も求められる。

おわりに

　本章で取り上げた内容について、改めて確認する。第1節では、地域福祉という概念が登場した歴史と背景について検討を行った。地域福祉は、高度経済成長期に地域社会の変容が進む中で広く論じられるようになり、

少子高齢化が進む中で注目されるようになった概念であった。第2節では、私たちの身近な地域福祉に関するテーマとして、共同募金、ボランティア、福祉教育それぞれの内容と、それらの推進を担う市区町村社協の役割について確認した。第3節では、地域福祉の現状について、1人暮らし世帯や高齢夫婦世帯が増加し孤立が問題となっていること、そして地域福祉には住民の参加が重要であるが、それが強制されることには問題があることも指摘した。

　今日では多くの小学校で福祉教育が行われるなど、地域福祉に対する理解を深める取り組みが広がっている。また、共同募金に協力したり、ボランティア活動に参加したりする形で、地域福祉の活動を支えている人も少なくない。地域福祉は特別なものではなく、私たちの身近な地域における福祉活動なのである。

参考文献

岩間伸之・原田正樹（2012）『地域福祉援助をつかむ』有斐閣

岡村重夫（1970）『地域福祉研究』柴田書店

岡村重夫（1974）『地域福祉論』光生館

加藤弾・熊田博喜・中島修・山本美香（2020）『ストーリーで学ぶ地域福祉』有斐閣

厚生労働省ホームページ（https://www.mhlw.go.jp/index.html 2022/9/14最終閲覧）

全国社会福祉協議会ホームページ（https://www.shakyo.or.jp/index.html 2022/9/14最終閲覧）

中央共同募金会ホームページ（https://www.akaihane.or.jp/ 2022/9/14最終閲覧）

永田幹夫（1988）『地域福祉論』全国社会福祉協議会

第5章　ひきこもり状態にある人への理解と支援

宇都宮　みのり

はじめに

> 自分を守るためにひきこもっていた。ひきこもらなかったらきっと死んで
> いた。

　2020年初頭以降の新型コロナウイルス感染症拡大を契機に、「巣ごもり」
という言葉が聞かれるようになった。「ひきこもり」という言葉も、カジュ
アルに使われることもあるようである。カジュアルに使われるようになっ
たからこそ、「ひきこもり」の現状を正しく理解しているかを問う必要が
あるのではなかろうか。「ひきこもり」とは何で、私たちには何ができる
のだろうか。
　『HIKIPOS・ひきポス』[1]　に登場するひきこもり当事者や体験者が発信
する声は、ひきこもる背景やきっかけは一人ひとり全く異なっていて誰一
人同じではないことを教えてくれる。そして背景やきっかけは違っても、
彼らの心の根底には共通して、家族や友人、職場など社会との関係の中で
作られた自己否定感が潜んでいることを知ることができる。社会参加の回
路を失い、「ダメな自分」との対話を際限なく繰り返し、自己否定と孤立
の痛みを抱え続けており、ひきこもらざるを得なかった環境があることが
共通している。

> 私が仕事に行くことができなくなり家から出なくなったのは、長年の自己
> 否定と、職場の複雑な人間関係による社交不安が重なったからだった。…

学生時代のいじめや両親の不仲などの影響で、これまで自分に自信が持てないまま生きてきて、物事も敏感に受け取ってしまう私には、その環境は耐え難く、一挙手一投足に神経を張る日々だった。…長年潜在する自己否定＋職場における他者からの否定＝「自分という人間はこの世にいらない」という公式が頭を支配した。[2]

多くの時間で私は「孤独」だった、友人がいたにもかかわらず。自分の考えを素直に語ることが「友人」相手でもなかなか出来なかった。自分の語ったことを否定・嘲笑される怖さが厳然とあった。…幼少期に孤独な時間を過ごした経験から、昔から自分の世界にこもりがちで、他人の目線を常に気にしていた。…恐怖ゆえに主張せず、自分の弱さはほとんど表に出さない。その弱さは過剰な自意識によって増幅される。増幅した弱さは自分に「お前はダメだ」と言い続ける。そうしてどんどん自分をなくしていった。[3]

「ひきこもり」の問題は、本人がまじめに生きようとすればするほど、不安を回避しようとすればするほど、否定される自分を守ろうとすればするほど、社会との関係を絶った孤立した生活になって問題が内在化し、深刻に増幅し、困っていてもSOSを出せなくなることにある。ひきこもりという「現象」のみを見て、コミュニケーション障害やレジリエンス欠如などと本人の病理の問題として捉え、「個人化した病」という指摘をしても彼らの生きづらさは解決されない。本章では、ひきこもることを「病理」としたり、それ自体を問題視するという考え方ではなく、社会的孤立により社会参加の機会が奪われていること、その要因が社会環境にあることに重点を置き、ひきこもりへの理解と支援について論じてみたい。

1．ひきこもりの概念とその要因
（1）　ひきこもり概念の形成

　日本において不登校が取り上げられるようになったのは1950年代後半以降である。1958年に高木隆郎が初めて「長欠児」の実態調査を行い、すべての年齢を含めて保護者の勧めにも拘わらず心理的な理由で子どもが学校に行くことを拒む現象を「登校拒否」とした[4]。そのうち年長児が有する「学校に行かなければならない」という自覚や「学校に行きたい」という意思

を持ちながらも登校できない心理機構は「学校恐怖症」と呼ばれ、学校での対人関係からできるだけ身を退こうとする神経症の一型として治療の対象とされた。怠学や経済的理由等と異なる要因があると認識されるようになった時期である。

　1970年代に入ると登校拒否児数が増加する。それについて、個人的特性の問題のみでなく、高度経済成長期における父親不在の家庭や、子どもを学校に押しやる権威像の欠如などの家庭や親の養育態度に関する指摘がなされた。学校に行かない子どもが家庭にいることを許す親の態度の問題ということである。

　1980年に、岡堂哲雄によって初めて「ひきこもり」という用語が用いられる[5]。岡堂は核家族化による自閉化と孤立化を指摘した。さらに北尾倫彦によって社会的要請を受け入れることができず社会から後退する若者たちの姿が描かれた[6]。

　1980 〜 90年代には、笠原嘉や町沢静夫らにより、「退却神経症」[7][8]、「アパシー」[9][10]、「パラサイト・シングル」[11]、「閉じこもるフクロウ」[12] など不登校や若者の閉じこもりに関する研究が多く見られるようになる。そして斎藤環、近藤直司らにより、学校だけでなく社会から全面撤退するという意味の「社会的ひきこもり」[13]、「非精神病性ひきこもり」[14] の研究がみられるようになる。1980年代の「閉じこもり」は半数が精神病やそれに類似する人たち[15] であったのに反して、「ひきこもり」は社会的な問題として概念化されたのである。

　そして2000年以降、社会的ひきこもり支援が本格的に政策課題となり、教育・福祉・医療・就労・司法等多様な領域で調査研究、実践活動が繰り広げられている。

（2）　ひきこもりの定義

　ひきこもりは、「様々な要因の結果として社会的参加（義務教育を含む修学、非常勤職を含む就労、家庭外での交遊など）を回避し、原則的には6か月以上にわたって概ね家庭にとどまり続けている状態（他者と交わらない形での外出をしていてもよい）」を指す現象概念である[16]。なお、ひきこも

りは原則として統合失調症の陽性あるいは陰性症状に基づくひきこもり状態とは一線を画した非精神病性の現象とするが、実際には確定診断がなされる前の統合失調症が含まれている可能性は低くないとされる。

（3）　ひきこもりの要因

ひきこもりになる要因は単一ではない。冒頭に掲載したような当事者の言葉は重い。親から受ける虐待やネグレクト、叱咤激励のマインドコントロールや過干渉といった家庭問題、選択的人間関係が優位となり閉じた関係での共振的コミュニケーションの増大とそれに伴ういじめや暴力などの学校問題、複雑な人間関係での立ち回りが要求される就労問題など、様々な要因が複合的に重なり合っている。つまり、ひきこもりの原因は多種・多様であり、原因追求は非効果的ですらある。

問題は、ひきこもりは本人の意思で離脱することが困難な場合が多いことである。ひきこもり状態にある人の80.9％は何らかの精神障害として診断可能とする研究[17]もあるように、ひきこもり状態にある人の中には未治療の精神障害や発達障害がある可能性もある。ひきこもり状態にある人の心の根底には強い自己否定感と孤立感があるが、孤立した生活が長期化すれば二次的な病気や障害を引き起こし[18]、対人恐怖、容姿恐怖、不眠等の苦しさから、家庭内暴力や所謂反社会的行動、自殺未遂等につながることもあり得る。

2．ひきこもりの現状

2010年に内閣府の調査研究班は、日本には15歳から39歳までの広義のひきこもり状態にある人は69.6万人と推定した。その後2015年の調査において、15歳から39歳までの広義のひきこもり状態にある人は54.1万人、2018年調査において、46歳から64歳までの広義のひきこもり状態にある人は61.3万人と推計した。つまり、調査をした全国5,000世帯のうち、有効回収数（3,248人）の、実に1.45％が該当し、現在全国の15歳から64歳の115万人がひきこもり状態にあると推定される（表1）。

表 1　内閣府のひきこもり調査[19)20)21)]

時期	該当者（推計）	年齢
2010年	69.6万人	15-39歳
2015年	54.1万人	
2018年	61.3万人	40-64歳

　ひきこもりという用語が「hikikomori」としてオックスフォード英語辞書に加えられた2011年には、「(In Japan) the abnormal avoidance of social contact, typically by adolescent males.」と思春期男性に見られることが典型例と定義されたが、近年の調査では、年齢は全年齢層に隔たりなく分布しており、ひきこもりは子ども・若者の問題から、全世代の問題へと広がっている。人は、どの世代でも、どの年代からでも、誰でもひきこもる可能性があるということがわかってきた（図 1 ）。

　2002年から2018年度のひきこもり状態にある人の年齢の推移から実線の折れ線が示す家族調査の結果を見ると、本人の平均年齢は2018年度34.4歳となり、前年度から 1 歳近い上昇が認められ、これまでの調査で最高年齢という結果になった。点線が示す本人調査の結果の推移を見ると、2013年までは家族調査よりも低い年齢だったが、2014年に逆転し、2018年度はやはり過去最高年齢を示している（図 2 ）。

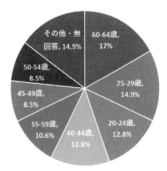

図 1　ひきこもり状態になった年齢[22)]

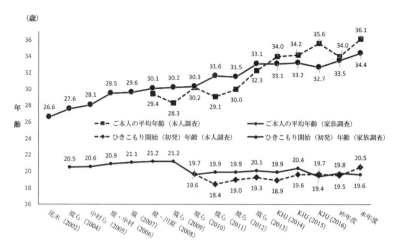

図2　ひきこもり状態にある人の年齢の推移[23)]

　一方、家族調査におけるひきこもりの開始（初発）年齢については、19.6歳であり、大きな変動は見られない。本人調査でも同様に10代後半から20代前半の年齢にひきこもりが開始されている（図3）。

　また、ひきこもりの長期化年長化によって、親が80代、子が50代を迎えたまま家族が孤立し、生きていくことに行き詰まるなど、これまで隠されてきた課題が各地で噴出し始めた。それがいわゆる「8050問題」である。8050問題とは、「家族や本人の病気、親の介護、離職（リストラ）、経済的困窮、人間関係の孤立など、複合的課題を抱え、地域社会とのつながりが絶たれた社会的孤立、親子共倒れの問題が発生するまで（事件化するまで）SOSの声を上げられない家族の孤立」[24)]をいう。

3．ひきこもりへの支援

（1）　ひきこもりへの支援の基本的な考え方
　ひきこもり支援のためには、①ひきこもりは単一の疾患や概念ではない、②その背景は多彩である、③当事者や家族だけの問題ではない、④問題の

本質は当事者と環境との間に生じる悪循環[25]、という理解が必要となる。支援が必要なのは、社会で不適応に陥った人のうち、既存の支援システムにつながらなかった人たちである。既存の支援システムの不足を明確にしながら、いかに地域ネットワークを形成するかが鍵となる。

　同時にひきこもりに対する理解が進んでいないのも問題である。愛知県知多市で実施された調査の結果[26] によると、「自立」に対するイメージがひきこもり状態にある人とそうでない人との間で明確な違いがあることがわかった[27]。ひきこもり状態にある人が抱く自立のイメージは、「あいさつができること」（71.4%）が第一で、次いで「洗濯や掃除など自分の身の回りのことができること」（57.1%）であり、「経済的に自立していること（28.6%）」は少ない。一方、ひきこもりでない人が抱く自立のイメージは、「親から経済的に自立していること」（49.4%）が第一で、「自分のことは自分で決めて行動できること」（40.3%)、「学校や職場等で集団のルールを守れること」（36.1%）ことであった。ひきこもり状態にある人が抱く自立のイメージとそうでない人が抱くイメージには大きなギャップがあり、おそらくこのギャップにはお互いに気づいていない。それがひきこもり状態にある人にとっては「自分のことをなぜかわかってもらえない」という声になり、周囲からは「ひきこもりの人は甘えている感じがする」という声となって響いてくる。

　この結果から、ひきこもりの人は社会的スキルが乏しいと見るばかりでなく、過去の対人関係の中で自分のスキルが低いと思わされているか、自分で「自立」のハードルを上げて尻込みしている状況も読み取れる。さらに脱出を困難にする要因である。周囲に求められるのは、理解なき自己責任論ではなく、ひきこもりに対する理解を深め、伸びようとする芽をあたたかく見守り、適切に伸ばす関係性であろう。

（2）　ひきこもりへの支援策

①　子ども・若者育成支援推進法に基づく支援

　ニートやひきこもり等の困難を有する子ども・若者の問題が深刻化したことを背景に、2009年7月に「子ども・若者育成支援推進法」が成立する。

それに基づいて15歳から34歳の無業者への就労支援を目的として、「地域若者サポートステーション」が全国的に設置された。

②　ひきこもり対策推進事業

「ひきこもり地域支援センター設置運営事業」及び「ひきこもり支援に携わる人材の養成研修・ひきこもりサポート事業」に基づいて、地方自治体を実施主体とするひきこもり対策が取り組まれた。「ひきこもり地域支援センター設置運営事業」（2009年度～）とは、ひきこもりに特化した専門的な第一次相談窓口としての機能を有する「ひきこもり地域支援センター」を都道府県、指定都市に設置し運営する事業である。「ひきこもり地域支援センター」は、本人や家族をより適切な支援に結びつけることを目的とし、相談員を中心として関係機関とのネットワーク構築や必要な情報を提供すること等、支援の拠点としての役割を担う。また、「ひきこもり支援に携わる人材の養成研修・ひきこもりサポート事業」（2013年度～）とは、本人や家族からの多様な相談にきめ細かく、かつ、継続的な訪問支援等を行うことを目的とする事業である。各市町村において訪問支援等を行う「ひきこもりサポーター」を養成し、養成されたひきこもりサポーターを地域に派遣し訪問支援等を行うものである。

③　生活困窮者自立支援法施行に基づく支援

2015年4月、「生活困窮者自立支援法」（平成25年法律第105号）が施行された。施行当初から、複合的な課題を抱える対象者に対し、就労支援のみならず家計支援や住まいの確保など個々の生活困窮者やその世帯の状況に応じた包括的な相談支援の実践を展開するなど、いわゆる「断らない支援」が展開されてきた。これにより各自治体は、年令に関係なく就労その他の自立に関する相談募集、事業利用のためのプラン作成の他、就労準備支援事業、一時生活支援事業等任意支援を行えるようになった。この一連の取組の中で、地域で孤立した収入のない中高年を含む人たちからの相談（前述した8050問題など）がよせられるようになった。

2018年の改正法は、生活困窮者の定義規定として本人が経済的な困窮に至る背景事情として「就労の状況、心身の状況、地域社会との関係性その他の事情」を入念に規定し、関係者間においてその状態像の共有を進める

ことで、早期的・予防的な観点からの支援を含め、適切かつ効果的な支援の展開につなげることにした。経済的な困窮に至る背景事情として「地域社会との関係性」の態様の一つに「ひきこもり状態」が含まれることが明確化されたため、経済的困窮の状態が明らかでない場合であってもひきこもり状態にある人やその家族等からの相談を受け止め、それぞれの事情や心情に寄り添う支援が、身近な市町村におけるひきこもり支援とひきこもり地域支援センターによる生活困窮者自立相談支援機関への強力なバックアップ体制のもとで展開されることになった。

④　市町村におけるひきこもり相談窓口の明確化と周知

2019年5月に川崎市や東京都練馬区で痛ましい事件が続いた[28]。これらの事件とひきこもりの問題とを安易に関連づけることはできないが、連日様々な報道がなされたことにより、ひきこもりへの関心が否応なく高まったことは確かである。事件を受けて2019年6月14日付で「ひきこもりの状態にある方やその家族から相談があった際の自立相談支援機関における対応について」が発出され、各自治体の生活困窮者自立支援制度の自立相談支援機関において、相談を確実に受け止め、丁寧に対応するよう通知された。同年10月25日付で、「市町村におけるひきこもり相談窓口の明確化と周知について」が発出され、各都道府県には、生活困窮者自立支援制度所管部局と連携の上、管内市町村において速やかにひきこもり相談窓口を明確化し、支援が必要な人に確実に支援が届く体制の構築を呼びかけた。

⑤　就職氷河期世代活躍プラン

政府は、2019年6月、就職・正社員化の実現、短時間労働者等への社会保険の適用拡大、多様な社会参加の実現を柱とする「就職氷河期世代活躍プラン」を閣議決定した。主な支援対象は、①不安定な就労状態にある（不本意ながら非正規雇用で働く人）、②長期にわたり無業の状態にある（就労希望はあるが希望する仕事がないなどの理由で就職活動に至っていない人等）、③社会とのつながりを作り、社会参加に向けた丁寧な支援を必要とする（ひきこもりの人等）である。③のひきこもりの人については、自立相談支援機関やひきこもり地域支援センター、ひきこもり家族、経済団体、ハローワークや若者サポートステーション等からなる市町村レベルのプラット

フォームの形成と、都道府県レベルのプラットフォームとの連携により、適切な支援につなぐ機能を有する体制の構築が目指され、2020年度からの全国展開が予定されている。

おわりに

　冒頭で紹介した『HIKIPOS・ひきポス』に寄せられた手記の中に、ひきこもりの苦しさから解放されるきっかけとプロセスがある。人との関わりに傷つき、人との関わりの中で癒されていく彼らの言葉から学ぶことが多い。

> 終わりのない絶望の日々であったが、ついに、絶望しきってそれまでにないほどの強い希死念慮を感じる。真剣に死を考えた結果、母親や兄弟に一生残るであろう悲しい思いをさせたくないと思った。その時に、この世界に自分は愛情の根を張っていることに気づいた。ここから、絶望や死の方向に意識を向けるのではなく、ただ生きることにした。ただ生きるだけでは退屈だったので、自分の抱えている苦しみを少しでも軽くする方法を模索し実践してきた。[29]

　ひきこもりの人たちはかつて「部屋から出てこない」とされる存在だった。しかし近年、発信方法が多様になったことで、私たちは多くの当事者の言葉を聞けるようになった。「ひきこもる原因も経過も同じ例はなく、当事者は他の当事者を代弁できない」という当事者の声は、一面的理解や因果論的理解では、多様かつ複雑な状況は改善しないことを鮮明にする。支援をマニュアル化することは出来ず、不登校やひきこもりの状態にある人の声を聴くしかないことをあらためて教えられる。「わかりやすさ」に逃げずに、むしろ「わかりにくさ」を理解し、多くの人が当事者の声に丁寧に耳を傾けるようになれば、少しでも生きやすい社会に近づくのではないだろうか。

注

1 ）雑誌『HIKIPOS・ひきポス』は、ひきこもり当事者や体験者の生の声を発信する「日本で唯一のひきこもり専門誌」。編集長の石崎森人氏もひきこもり体験者という。

2 ）ゆりな（2018）「自己否定を抱えたまま働く危うさ」『HIKIPOS・ひきポス』4, p.2.

3 ）ロングロウ（2018）「「弱さ」を表に出せないとつながれない」『HIKIPOS・ひきポス』1．pp.3-4.

4 ）高木隆郎（1958）「長欠児の精神医学的実態調査（第 1 報）」『精神神経学雑誌』60．p.1223.

5 ）岡堂哲雄（1980）「ひきこもり現象と家族心理」『心と社会』23(3)．pp.72-76.

6 ）北尾倫彦（1986）「落ちこぼれ・無気力・ひきこもり」『教育と医学』34(5)．pp.439-443.

7 ）笠原嘉（1983）「不安・ゆううつ・無気力 – 正常と異常の境目」飯田真他（編）『講座精神の科学 3　精神の危機』岩波書店．pp.207-260.

8 ）笠原嘉（1988）『退却神経症 – 無気力、無関心、無快感の克服』．講談社.

9 ）稲村博（1989）『若者・アパシーの時代　急増する無気力とその背景』．日本放送出版協会（NHKブックス）.

10）小柳晴生（1996）「大学生の不登校 – 生き方の変更の場として大学を利用する学生たち」『こころの科学』69．pp.33-38.

11）山田昌弘（1999）『パラサイト・シングルの時代』．筑摩書房.

12）町沢静夫（1999）『閉じこもるフクロウ　情報社会の精神病理』Aera books，朝日新聞社.

13）「社会的ひきこもり」は、最初は新聞記者によって命名され、次いで稲村ら（1992）によって紹介され、斎藤（1998）が『社会的ひきこもり – 終わらない思春期 – 』（PHP新書）を発表したことから広く普及した。

14）近藤直司（1997）「非精神病性ひきこもりの現在」『臨床精神医学』26(9)．pp.1159-1167.

15）町沢（1999）前掲書

16）齊藤万比古（2007）「ひきこもりの評価・支援に関するガイドライン」厚生労働科学研究費補助金こころの健康科学研究事業「思春期のひきこもりをもたらす精神科疾患の実態把握と精神医学的治療・援助システムの構築に関する研究（H19-こころ-一般-010）.

17）Kondo, N., Sakai, M., Kuroda, Y. et al. (2013), General condition of hikikomori (prolonged social withdrawal) in Japan: Psychiatric diagnosis and outcome in the mental health welfare centres, *Int J Soc Psychiatry*. (published online November 16, 2011).

18）齊藤万比古（2010）「思春期のひきこもりをもたらす精神科疾患の実態把握と精神医学的治療・援助システムの構築に関する研究」厚生労働科学研究費補助金こころ

の健康科学研究事業（平成21年度総括・分担研究報告）.

19）内閣府（2010）『若者の意識に関する調査（ひきこもりに関する実態調査）報告書』，内閣府政策統括官（共生社会政策担当）.

20）内閣府（2016）『若者の生活に関する調査報告書』，内閣府政策統括官（共生社会政策担当）.

21）内閣府（2019）『ひきこもりに関する実態調査（生活状況に関する調査概要）』，内閣府政策統括官（共生社会政策担当）.

22）特定非営利活動法人KHJ全国ひきこもり家族会連合会（2019）「家族会が求める支援施策について～内閣府調査、KHJ調査結果を踏まえ、今後のひきこもり支援についての提言～」第1回就職氷河期世代支援推進室プラットフォーム会議資料.

23）特定非営利活動法人KHJ全国ひきこもり家族会連合会（2018）「ひきこもりの実態に関するアンケート調査報告書」厚生労働省平成29年度生活困窮者就労準備支援事業費等補助金社会福祉推進事業.

24）特定非営利活動法人KHJ全国ひきこもり家族会連合会（2018）「潜在化する社会的孤立問題（長期化したひきこもり・ニート等）へのフォーマル・インフォーマル支援を通した「発見・介入・見守り」に関する調査・研究事業」厚生労働省　平成29年度生活困窮者就労準備支援事業費等補助金社会福祉推進事業.

25）漆葉成彦（2016）「ひきこもりの人びと－精神科医の経験から－」『日本の科学者』51(6). pp.6-11.

26）知多市（2015）『若者の意識及び市民の若者に対する意識調査報告書』知多市青少年居場所づくり事業実行委員会.

27）宇都宮みのり（2015）「愛知県知多市におけるひきこもりの現状と支援策の検討」『社会福祉研究』17. pp.1-12.

28）2019年5月28日、神奈川県川崎市で発生した川崎市登戸通り魔殺傷事件。被害者のうち2人が死亡、18人が負傷した。加害者は長期にわたり就労しておらずひきこもり状態であったことが報道された。その3日後の6月1日、東京都練馬区において、元農水事務次官長男殺害事件が発生した。被害者である長男はひきこもりであったとされ、加害者である父親は「息子も周りに危害を加えるかもしれない」と不安に感じたと供述している。

29）石崎森人（2019）「不幸のどん底から立ち直った方法」『HIKIPOS・ひきポス』5. pp.15-17.

第6章　音楽によるつながり

高橋　範行

1．音楽の価値
（1）　人間と芸術、社会と芸術

　人間や社会にとって芸術はどのような意味や価値をもつのか。これは芸術に対する根源的な問いであり、これまでに多くの芸術家や研究者を悩ませてきた問題でもある。

　人間にとっての芸術の価値を論じる視点としては、芸術による生存価、すなわち芸術が人間の進化的適応に貢献する存在であり得るのかという問題設定がある[1]。少なくとも人間が生命機能を維持するという意味では、芸術は不要なものかもしれない。その一方で、我々が一見すると無駄に思える行動に満ち溢れた存在であることも事実であろう。ここに人間ならではのユニークさがある。我々が生きるということは生命機能の維持と同義ではない。詠む、描く、踊る、歌う、奏でる、これらは人間の脳の高度な認知機能があってこそ成立する行為である。逆に言えば、人間が高度な認知機能をもつに至った産物として芸術が存在しているのかもしれない。高度に発達した脳をプログラミングし、それを磨き維持するために、我々には無駄な行為が必要であるのかもしれない。無駄な行為であるからこそ、そこに言葉とは異なる情感やニュアンスを込めたり、それを感じ取ることができるのかもしれない。ともかく芸術を創り出すこと、それを楽しむこと、これらは人間だけに許された特権であることは間違いない。

　他方、社会における芸術の価値を問うような視点もある。こちらは我々にとってより現実的な問いと言えよう。そして今、この種の問いは芸術関係者にある種の切迫感を伴って受け止められている。振り返れば歴史的に

多くの芸術は宗教、王侯貴族、上流階級など社会的権力による庇護のもと、力や富、そして教養の象徴として特別視されてきた。その後、民主主義の台頭に伴い芸術が一般に解放され、その庇護の主体は行政へと移ることとなる。しかし、このような変化の中でも、多くの芸術関係者は依然として過去の“特別がゆえに庇護される芸術”という意識に囚われていたように感じられる。

　ところが、20世紀後半におけるポピュラー文化の隆盛と教養主義の崩壊によって芸術はその支持基盤を大きく失ってしまった[2]。また新自由主義的政策のもと、芸術に対する公的な支援リソースは縮小化され、芸術は市場競争原理にさらされることになった。さらに情報通信技術の発達と普及により芸術がいっそう身近な存在となった反面、その価値は相対的に低下しているようにも見える。つまり芸術はかつてないほど厳しい状況に置かれていると言っても過言ではない。

　しかし、芸術に対する逆風的状況はその社会的価値を見つめ直すひとつの契機になったとも言える。多くの関係者は芸術が旧態依然と守られながら存続していくことは難しいと考えている。伝統的な芸術観を尊重しながらも、芸術の新たな社会的価値を創造するための様々な試みが始まっているのである。

（2）　ミュージッキング

　熱心な芸術信奉者の間には芸術至上主義、つまり芸術そのものを目的とする考え方が存在する。しかし、芸術が衣食住にとって絶対に必要な存在とは言えない以上、芸術自体を社会の目的に据えることは難しいように思われる。芸術の価値を社会全体の中に見出すためには、その有用性が広く認められるものでなければならない。すなわち、目的ではなく“手段”としての芸術である。

　実際に古くから音楽は手段として様々な形で用いられている。宗教的儀式における音楽は、その美しさを味わうというよりも、敬虔や恍惚状態を生み出すための手段といった性格が強い。ピタゴラス学派では、宇宙の秩序を観察するための、そして人々の魂を浄化させるための手段として音楽

を捉えていた。現代の音楽療法でも、クライエントにとっての活動の目的は音楽であるが、療法的視点から見れば音楽はクライエントの問題を改善するための手段となる。そもそも歴史の中で、音楽そのものを目的とする価値観は比較的新しいものであり、むしろ音楽の社会的価値は手段の中にあり続けてきたと見ることができよう。

　しかしながら、音楽至上主義者をはじめ、音楽を手段とすることに抵抗感を覚える者は少なくない。そこで目的と手段の橋渡しとなる新たな音楽観が必要となる。そのひとつが「ミュージッキング」である[3]。ミュージッキングは音楽を「行為」や「活動」として捉える概念である。音楽の発信（演奏）と受容（鑑賞）は人があってこそ成立することから、ミュージッキングは音楽を所産の作品ではなく、人による行為や活動に見出す。すなわち、独立した存在としての音楽を否定することで、音楽を手段として利用するプロセスそのものが音楽となり得るのである。音楽に関わるあらゆる対象を包含するという点で、ミュージッキングは音楽の社会的価値を浸透させるうえで重要な概念と言えるであろう。

2．音楽の社会的価値を創造する

　現代における音楽の社会的価値を創造するための取り組みにはどのような特徴が見られるのであろうか。

　まず対象が広い。コミュニティに属するあらゆる人々、さらには社会そのものを対象としたミュージッキングによって、様々な社会的課題の解決に寄与することが目指されている。

　また、音楽を提供するという発想ではなく、音楽を媒介とした双方向的なコミュニケーションによって、集団や社会への人々の能動的な参与を喚起し、それが一過性のものに終始することなく継続していくことが重視されている。それは「コミュニティ音楽療法」[4]に代表される音楽による社会包摂であり、社会におけるミュージッキングの普遍化とも呼ぶことができる。

　この節では音楽の社会的価値の創造に関わるいくつかの取り組みを紹介する。

（1）　音楽による貧困救済

　現代社会が抱える大きな問題のひとつが貧困である。音楽によって子ど
もの貧困を救う試みにおける成功例として「エル・システマ」が挙げられ
る。エル・システマとは南米のベネズエラで実践されている音楽教育プロ
グラムである[5]。元々はベネズエラにおけるクラシック音楽文化の幅広い
浸透を掲げて始まったプロジェクトであるが、徐々にその規模と役割を拡
大させ、単なる音楽教育プログラムの範疇を超え、貧困をはじめとする様々
な社会問題の解決に貢献するまでに至り、世界から大きな注目を集めた。

　エル・システマは広義の「ユースワーク」と捉えることができる。ユー
スワークとはグループ活動を通して若者の人間的成長を支援する方法であ
る[6]。ユースワークによる若者の変容を捉える上で重要となる概念が「居
場所」である。萩原は居場所を「関係態」と「実態」という二面から捉え
ている[7]。「関係態としての居場所」とは自己と他者との関係から生まれ、
相互の価値観や意味づけの中に存在する。他方、「実態としての居場所」
とは文字通り実体的な場所であり、具体的には施設や制度によって位置づ
けられる。すなわち、居場所とは現実の空間や制度の中で、他者とのダイ
ナミックな関わりの中で生み出される個人のアイデンティティである。ま
た、居場所は社会そのものを内包した場であり、いわば小さなコミュニティ
と言える。他者との交流を通して多様性や異質性を知り、その中で自ら意
思決定をし、コミュニティにおける自己の存在を認識していく。このよう
な体験を通して、社会参画への基盤が少しずつ形成されていくこととなる。

　学校が早い時間に終わるベネズエラでは、子どもの放課後の過ごし方が
大きな課題となっていた。ところが、エル・システマへによって、子ども
が非行や犯罪に関与する機会が大きく減少することとなった。また、エル・
システマはオーケストラによるアンサンブルを主体としている。集団＝小
さなコミュニティの中で各々が自分の役割を果たすという経験を通して、
子どもは自己肯定感を高め、規律や協調性など社会で必要となる力を身に
つけていくことになる。つまり、エル・システマは若者の居場所として、
貧困に陥っていく諸要因の縮小化に寄与していると言える。集団や社会と
の接点を失ってしまった若者が、楽しさ、挑戦、達成といった経験を通し

て、自己と他者、そしてコミュニティに対する認識や理解を深め、社会的自立に必要なスキルを獲得させていくプロセスが含まれているのである。

　エル・システマへの参加は原則無料ということも注目すべき点であろう。そのために効率的な学習メソッドや指導法の考案、寄付楽器や市民ボランティアの活用など、補助金等に大きく依存すること無く活動を継続していくための数々の工夫や努力がなされている。市民が一体となって支えている大規模なユースワーク、それがエル・システマなのである。

　エル・システマの活動の目的はあくまで音楽を演奏することにある。しかしそれを手段として位置づけ、地域が能動的に音楽へ参与していく仕組みを作り機能させながら、社会問題の解決に貢献している点において、現代における音楽の社会的価値をわかりやすく体現していると言える。残念ながら、現在のベネズエラの社会情勢は良好とは言い難く、今後エル・システマがどのように展開されていくか不透明な部分もある。しかしその活動は高く評価され、世界各地で類似した取り組みがなされている。日本においても東日本大震災で被災した福島を中心に一般社団法人エル・システマジャパンによるプログラム等が実施されている。

（2）　音楽による社会包摂

　続いて、対象を子どものみならず地域まで拡げた取り組みを見てみたい。

　日本には地方公共団体が設置した劇場や音楽ホールだけで3,000以上あると言われる[8]。ライブハウスや音楽喫茶のような民間の小規模な施設を含めれば、その数は相当なものになろう。「箱物行政」という言葉があるように、かつての公的な芸術文化支援政策は劇場やホールの建設というハードの整備が中心であった。これらの"ハコ"は様々な演奏会の開催を通して地域の音楽文化振興に一定の貢献をしたものと考えられる。

　しかし、本来ハードは優れたソフトと組み合わされることによってその機能を十分に発揮するとすれば、従来の支援政策はバランスを欠くものであったことは否めない。今や社会は大きく変化しており、人口減少や消費の多様化など、多くの劇場や音楽ホールと取り巻く状況は厳しいものとなっている。地方を中心とした施設の稼働率低下も、コロナ禍以降、より

顕著になっている。このような状況を打開するために求められるのはハードからソフトへの転換である[9]。劇場や音楽ホールを地域の特性や課題に応じてどのように活用するのか、言い換えればソフトによってハードにどのような社会的価値を付与できるかという視点から活動を創案しマネジメントしていかねばならない。

　地域に開かれた音楽ホールの在り方を探る試みは多数行われているが[10]、ここでは「劇場は、芸術のためではなく、人のためにある」というタイトルのネット記事になった岐阜県可児市の公立施設「可児市文化創造センター・アーラ」の取り組みを紹介したい[11]。記事の骨子となっているのは館長の衛紀生氏による「劇場から最も遠い人たちに、アートを届ける」という運営コンセプトである。ここで言う「最も遠い人たち」とは困難を抱え社会的に孤立し、劇場との接点をもたない人々のことである。氏はアートを活用して困難を抱えた人々を社会的に包摂できると主張する。

　アーラは「アーラまち元気プロジェクト」として芸術家・芸術関連団体・企業・NPO等と連携しながら地域に向けた多彩な参加型プログラムを実施している。市民参加型ミュージカル、ダンスイベント、障がい者や子どもが参加できるオーケストラコンサート、地域の音楽家発掘コンサート、様々なテーマによるワークショップ等である。地域のあらゆる人々が日常的にアーラに集い交流できるようなソフトを豊富に用意し、それによってハードに地域における社会的価値をもたせている。ソフトとハードが地域のミュージッキングを支える両輪としてうまく機能しているのである。

　アーラの取り組みには、愛好家向けのソフトを充実させればその恩恵がその他の人々にも行き渡っていくという、かつての芸術文化支援政策でよく見られたようなトリクルダウン的な発想は見られない。豊富なソフトによる地域の人々の包摂を通して、その効果はハードの価値向上にとどまらず、芸術の社会的価値に対する人々の認識形成にまで及んでいる。もちろん、ミュージッキングがその大きな一角を担っていることは言うまでもない。

3．音楽の社会的価値の創造のために

　エル・システマやアーラの活動からは音楽との接点が個々の日常生活の中に自然な形で存在している印象を受ける。音楽を介して人々が"緩く"つながっている状態、それ自体がミュージッキングであり、社会において音楽がユニバーサルな形で機能しているひとつの姿であるように思える。

　ここで音楽の社会的価値の創造において鍵になると思われる点をいくつか挙げておきたい。

（1）　環境整備

　音楽との関わりを求める人々を受け入れ支援するうえで、ハードとソフト両面による環境整備は不可欠である。

　まずハードとしては、やはりハコは必要であろう。新型コロナウイルス感染症によるパンデミック以降、オンラインを活用した音楽表現や配信の在り方が模索された。しかし、オンラインが対面の完全な代替とはなり得ないことを実感した人が少なくないように感じられる。もちろん、将来的には対面と同等の質で音楽をオンライン配信できるようになるに違いない。しかし、音楽が実時間を重要視したコミュニケーションである以上、同じ空間で同時に音楽を共有する醍醐味や喜びが無くなることは無いと断言できる。音楽を共有するための"場"は絶対に必要なのである。ただしホールのような大きなハコである必要は無い。昨今の趣味の多様化傾向を鑑みれば、小から中規模のハコが多数あるほうが需要に合致するはずである。現状でも公民館や音楽会館など音楽室を備えた施設は存在するが、数やロケーションという点で十分であるとは言い難い。町内に複数のハコを整備し、それを自立的に維持管理できる仕組みを構築できれば、音楽に限らず幅広く使える、コミュニティにとって利便性の高い施設になるように思われる。

　ソフトの重要性はアーラをはじめとする多くの取り組みから明らかである。無形物には何かと財布のひもが堅い我が国の公共政策であるが、これからはソフトの重要性という認識のもとで立案されていく必要がある。さて、音楽では専門的な知識や技術が必要とされることが多いことから、ま

ずコーディネーターや支援・指導者の確保や養成が課題となる。たとえば
資格制度の創設は専門性の担保という点でひとつの方法となろう。また、
近年進みつつある学校部活動の外部委託では、スポーツ領域を中心に外部
指導者のための研修・資格制度が導入されているが、類した制度を地域の
文化活動にも援用する方法も考えられる。部活動の学外委託をさらに推し
進め、エル・システマのように学校と地域が一体となった活動へと発展さ
せていくこともできるであろう。

　質の担保も環境整備における極めて重要な要素となる。たとえ音楽が手
段やツールであったとしても、その質に無関心で良いということにはなら
ない。ツールの質の低下は活動の質の低下を招くことになる。これは質の
良い音楽を扱うべきという意味ではない。活動における音楽自体の中身を
吟味し続けることが必要ということである。たとえば、エル・システマの
活動でも音楽的な妥協は無い。常に上の演奏水準を目指す態度が存在して
いる。そこに妥協があれば、おそらく活動はここまで長く続かなかったは
ずである。この点でも専門性のある人材が必要に応じてコミットできる体
制づくりは肝要となろう。

　コミュニティの潜在的なリソースの掘り起こしも積極的に検討していく
べきある。たとえば手間や処分費用といった理由から、使用されずに放置
されている楽器は多く存在するように思われる。これらを容易に寄付・回
収できるような仕組みを整えれば、比較的安価に多くの楽器を確保するこ
とができる。またセカンドキャリアと言われるように、社会との接点の維
持や生き甲斐のために、定年後も働くことを希望する人が増えつつある。
そのような人々を需要とうまくマッチングできる仕組みがあれば、人材面
の確保でも有効であるように思われる。

（2）　生涯音楽学習を見据えた学校音楽教育

　ユニバーサルなミュージッキングの構築は、「生涯音楽学習」のコンセ
プトにも重なる。生涯音楽学習とは、「すべての人々が生涯にわたって、
そしてあらゆる次元で行う、自由な音楽活動」であり、「その自由な音楽
活動を権利として保障するための理念」でもある[12]。生涯音楽学習を見据

えたとき、音楽科教育はその本格的なスタート地点に位置づけられる。つまり、学校音楽教育は生涯にわたって音楽を学ぶための土台を培うという使命も帯びているのである。音楽の授業が音を介して人とつながる楽しさの原体験の場であることは当然として、自らの生活における音楽の価値を考えることを通して、子どもたちの音楽観を深めていくことも、ユニバーサルなミュージッキングの実現に大きな役割を果たすように思われる。単なる知識や技術の教授にとどまらない学校音楽教育の在り方を探究していく必要がある。

（3）　効果の検証

音楽の効果は“経験的に”広く知られている。演奏は運動課題と認知課題の両方を協応させる必要があり、認知症の予防や身体の機能回復の有効な手段となり得る。また、アンサンブルはコミュニケーションを促進し自己肯定感の向上にも寄与する。音楽は高齢化やひきこもりといった様々な社会問題に対する予防や支援策として機能する可能性を秘めているのである。

しかし、その効果を裏付ける科学的なエビデンスを提出することは容易ではない。一般的に音楽をはじめとする芸術の効果を科学的に見定めることは難しい[13]。とりわけ、社会のような大きな規模の文脈における立証はより困難であり、時間もかかる。だからといって、それを諦めていては、環境整備はもとより、音楽の社会的価値の醸成にも支障をきたすであろう。主観や感情論に陥りがちな芸術であるからこそ、客観的に芸術を扱おうとする態度が大きな意味をもつ。エル・システマやアーラをはじめとする優れた先例を参考に、長期的な視野から音楽活動の効果を客観的に見定める努力を続けていくことが求められる。

おわりに

ヴィクトル・ユーゴーが幸福だけの幸福をパンばかりの食事に例え、無駄なものの必要性を説いたように、世の中には無駄や余分な部分が絶対に必要である。無駄を究極的に排除した社会は想定外に対処することができ

ず、滅びるに違いない。いかに無駄なものを許容し、そこにどれだけ多くのリソースを割くことができるか。これは成熟社会のひとつの指標でもある。ところが、未だに我が国の芸術文化活動への公的支援は費用対効果で判断され、個人の資本の程度によって芸術文化へのアクセスも制限されるという現状がある。この点において、日本は社会的な成熟を迎えているとは言い難い。

　今や社会は大きな変革を迎えつつある。蓄積されたビッグデータと発達した情報通信網を活かしてAIやロボットが様々な作業を効率的にこなす時代が到来するとされる一方で、既存の多くの仕事がそれらに取って代わられるという予測もある。このような世界において幸せに生きるとは、そして社会の成熟とはどのような姿を指すのであろうか。我々はいかにして精神的に充足した時間を過ごし、いかにして人とのつながりをもち、いかにして人生の最期を迎えればよいのであろうか。音楽をはじめとする芸術はこれらの問題への有効な手段のひとつとなり得るかもしれない。音楽を媒介して人々が緩くつながった状態がコミュニティの主形態として認知される時代がやってくるかもしれない。そのとき我々は音楽の社会的価値を自身の肌身をもって実感するに違いない。

注
1）福井一（2010）『音楽の感動を科学する　ヒトはなぜ"ホモ・カントゥス"になったのか』化学同人．などを参照。
2）沼野雄司（2005）『リゲティ、ベリオ、ブーレーズ　前衛の終焉と現代音楽のゆくえ』音楽之友社.
3）Small, C. (1998). *Musicking: The Meanings of Performing and Listening*. Wesleyan University Press. 野澤豊一・西島千尋訳『ミュージッキング　音楽は〈行為〉である』水声社.
4）Stige, B., & Aarø. (2012). *Invitation to Community Music Therapy*. Taylor & Francis. 杉田政夫監訳『コミュニティ音楽療法への招待』風間書房．などを参照。
5）山田真一（2008）『エル・システマ　音楽で貧困を救う南米ベネズエラの社会政策』教育評論社．などを参照。
6）柴野昌山（2009）「グループの力を生かす自立支援の技法−なぜユースワークなのか」柴野昌山編『青少年・若者の自立支援　ユースワークによる学校・地域の再生』世

界思想社．pp. 9-35.

7）萩原健次郎（2012）「近代問題としての居場所」田中治彦・萩原健次郎編著『若者の居場所と参加　ユースワークが築く新たな社会』東洋館出版社．pp. 18-34.

8）ニッセイ基礎研究所（2017）『劇場、音楽堂等の設置・管理に関する実態調査報告書（平成28年度文化庁委託事業）』

9）田中敬文（2004）「文化の創造と伝達」苅谷剛彦・森田朗・大西隆・植田和弘・神野直彦・大沢真理編『創造的コミュニティのデザイン　教育と文化の公共空間』有斐閣．pp. 177-198.

10）中村透（2012）『愛される音楽ホールのつくりかた』水曜社．などを参照。

11）湯浅誠（2018）『劇場は、芸術のためではなく、人のためにある』（https://news.yahoo.co.jp/byline/yuasamakoto/20180220-00081241/ 2022/9/30最終閲覧）.

12）丸林実千代（1999）『生涯音楽学習入門』音楽之友社.

13）佐藤正之（2017）『音楽療法はどれだけ有効か‐科学的根拠を検証する』化学同人．などを参照。

参考文献

高萩保治・中嶋恒雄（2000）『音楽の生涯学習　理論と実際』玉川大学出版部.

文化芸術基本法制研究会（2018）「新しい文化芸術基本法の成立と文化政策の展望」河村健夫・伊藤信太郎編著『文化芸術基本法の成立と文化政策』水曜社．pp. 24-47.

第7章　社会と市民からの忘却と無関心にあらがう
－精神障害者への医療・福祉に関する住民理解－

橋本　明

はじめに

　精神障害者へのさまざまな形の偏向した見方は、一般市民だけではなく
いわゆる専門家の間にも存在し、従来から解決すべき社会問題として意識
されてきたといえよう。われわれはこの問題にどのように向き合ったらよ
いのだろうか。本章では問題解決の可能性を探りたい。

　1988年に公開された映画『存在の耐えられない軽さ』の原作者として、
わが国でもよく知られるチェコ出身の作家ミラン・クンデラは、作品のな
かに箴言めいた言葉を散りばめることを得意としているようにみえる。た
とえば『笑いと忘却の書』という小説には、「権力にたいする人間の闘い
とは忘却にたいする記憶の闘いにほかならない」[1] というフレーズが出て
くる。1968年のいわゆる「プラハの春」がソ連の軍事介入で挫折したあと、
チェコから追われてフランスでの執筆活動を余儀なくされた「亡命作家」
としてのクンデラが、故国で行われている独裁的な政治体制に強い批判を
こめているだろう。
　ところで、精神医療史の文脈でクンデラが引用されているのを見つけた
のは最近のことだ。それは2016年に台北市立美術館で開催された、台湾の
現代アーティスト陳哲偉による「養神院」展のカタログに寄稿された許芳
慈の論文のなかにおいてであった。「忘れるということは、死という形態
のひとつだ」という『笑いと忘却の書』について語るクンデラの言葉を引
用している[2]。この「養神院」展の主要なテーマは精神障害者の処遇の歴
史だが、とりわけ、それらにまつわる記憶が失われること、過去を忘却す

ることへの抵抗が強調されている。養神院とは日本統治時代の1934年に、台湾総督府が台北市郊外に設立した精神病院である。しかし、現在は旧敷地に高層アパート群が建ち、過去の痕跡はない。台北でも養神院の存在を記憶している人は、ほとんどいないだろう。陳哲偉は資料や専門家へのインタビューをとおして養神院の歴史を徹底的に調べ上げている。そこで得た知識をベースに、そこで行われていた治療や患者の日常生活の忘れられた記憶を、自身の専門である映像と音声を駆使してよみがえらせるとともに、現在の社会に通じる精神障害者をめぐるさまざまな問題を提起しようとしたのだろう。忘却（Oblivion）をテーマにしたこの台北での展覧会の詳細については筆者の他論文[3]を参照していただきたい。

　実は、台北の例にみられるように、精神障害や精神医療の歴史（以下、精神医療史と略記）にかかわるテーマは忘却ときわめて親和性が高い。一般の人たちはおろか、精神保健医療福祉に携わる専門家の間でも、過去への関心は概して低く、ステレオタイプの人権論的な立場に偏向した歴史記述だけが受け入れられる傾向が強い。筆者は、いわば「社会と市民からの忘却と無関心にあらがう」べく、精神病者私宅監置の歴史をモチーフにした展示プロジェクトにここ数年間とりくんできた。その活動を紹介しながら、地域社会や市民に対する精神障害理解の方法を検討したい。

1.「私宅監置と日本の精神医療史」展の概要

　そもそも「私宅監置と日本の精神医療史」展は、市民の精神障害への関心と理解が深まることをめざして、精神医療に関する歴史を素材にした教育的プログラムの開発する過程で構想した「精神医療ミュージアム移動展示プロジェクト」にはじまる。2014年から「歴史理解にもとづく精神保健福祉教育プログラムの開発」というテーマで日本学術振興会の科学研究費の助成などを受けたことがモチベーションになり、各地を移動して、小規模かつ数日から1ヶ月くらいという短期間の精神医療の歴史展示を行ってきた。プロジェクトは現在も継続中だが、本論で扱っているのはコロナ禍など予想だにしなかった2018年までの活動である。

　「精神医療の歴史」というテーマは一般には馴染みがないだろう。病院

整備が遅れていた時代に患者を自宅内の檻に監禁する「私宅監置」につい
ては、猟奇的な趣味に走りすぎていると思われるかもしれない。当初、精
神医療関係者に開催についての意見を聞いたときの反応は「歴史展示は精
神障害への差別・偏見を助長するのではないか」といった冷ややかなもの
だった。展示会を実施すべきか逡巡していたところ、筆者の勤務先大学の
韓国人大学院生を通じて、ソウルの人権団体が理解を示してくれて、同団
体のビル内にあるギャラリーを展示会場として借りることになった。こう
して初回の展示会は2014年11月にソウルで開催した。日本国内とはちがっ
て、国外ではむしろ妙な「しがらみ」がなく、実施できたということもあ
るだろう。会期中に日本の精神医療史のミニ講演も行って、来場者と日韓
の精神医療事情の意見交換をした。ひとたび「精神医療ミュージアム移動
展示プロジェクト」の基本形ができると、「うちでも展示会を開催したら
どうか」というオファーが来るようになった。

　表1は第1回から第12回までの開催時期、会場、開催地の一覧である。
ただし、これ以外にも、精神障害者支援に関わる職能団体の研修会や
NPO法人の記念行事などのために、展示品を貸し出す形で行われた展示
もいくつかあったが、「精神医療ミュージアム移動展示プロジェクト」と
いう主旨からは外れると判断して、表1から除外している。

　展示物は開催場所ごとに多少の入れ替えはあるが、基本は表2に示す①
～⑬の「私宅監置と日本の精神医療史」を説明する十数枚のA1サイズま
たはA2サイズの展示パネルである。ただし、①～⑬の中味を少し入れ替
えた別のバージョンも用意されている。パネルには順序性があり、①から
はじまり、⑬でストーリーが終わるような展示になっている。また、初回
のソウルでのパネルは韓国語版だったが、第2回以降は日本語版あるいは
日本語・英語併記版のどちらかのパネルが使われた。パネル制作で心がけ
たことは次のことである。まず、正確な知識を伝えること、また単に教科
書的な内容ではなく、筆者の最新の研究成果を踏まえたオリジナル部分を
含むこと、最後にパネルのデザインやクオリティを重視すると同時にでき
る限り展示空間をアート的なスペースにすることである。

　これらの展示パネルに加えて、私宅監置に関するA4サイズの写真パネ

表1　精神医療ミュージアム移動展示プロジェクト
「私宅監置と日本の精神医療史」展

回	時期	会場	開催地
第1回	2014年11月	人権中心サラム	韓国・ソウル市麻浦区
第2回	2015年6月	ワセダギャラリー	東京都新宿区
第3回	2015年9月	船場ビルディング	大阪市中央区
第4回	2016年1月～2月	カイロス	岡山市北区
第5回	2016年5月	岩屋病院・旧病棟	愛知県豊橋市
第6回	2016年9月	東京都立松沢病院	東京都世田谷区
第7回	2017年1月～2月	カイロス	岡山市北区
第8回	2017年3月	ひと・まち交流館　京都	京都市下京区
第9回	2017年9月～10月	リバティおおさか	大阪市浪速区
第10回	2018年3月	有楽町マリオン	東京都中央区
第11回	2018年10月	東京都生協連会館	東京都中野区
第12回	2018年12月	ルネこだいら	東京都小平市

（※展示会の名称は、その都度多少異なる。）

表2　「私宅監置と日本の精神医療史」展の展示パネル

順	パネルタイトル／　内容
①	日本の精神病者私宅監置／　近代国家による私宅監置制度が、日本特有の精神医療の歴史ではなかろうかという問いかけ
②	私宅監置制度の前史／　江戸時代の檻入について紹介
③	近代的な制度としての私宅監置／　1900年の精神病者監護法公布の際の『官報』紹介
④	私宅監置への批判と擁護／　呉秀三と樫田五郎の論文「精神病者私宅監置ノ実況及ビ其統計的観察」（1918年）に代表される私宅監置批判と、私宅監置を「日本家族の美風」と評価する主張
⑤	精神病者収容所／　生活困窮などで自宅に監置できない患者のための公立または私立の収容所
⑥	公立精神病院の建設／　1919年に精神病院法が成立したが、道府県立精神病院の建設は全国8つの府県にとどまった。
⑦	私宅監置患者数の推移／　1920～40年代をとおして、全国的にみれば私宅監置患者数は横ばい、ないし微増の状態が続いた。
⑧	旧外地における精神病者監護／　樺太では1917年から精神病者監護法が、台湾では1936年から精神病者監護法と精神病院法が施行された。
⑨	私宅監置の廃止／　1950年に精神衛生法が成立し、私宅監置は1年間の猶予をもって廃止。このころ、精神衛生鑑定医たちは私宅監置の患者を訪問し、精神鑑定を行った。
⑩	私宅監置廃止（1951年）以降の私宅監置／　不法な患者監置（東京と長崎の事例）
⑪	奄美・沖縄の私宅監置／　第二次世界大戦後の特別な事情により、奄美と沖縄では本土より長く私宅監置が存在していた。
⑫	わが国の1950年以降における精神科病床数の推移
⑬	精神保健医療福祉などに関わる年表

（※展示会場によって、一部内容の入れ替えあり）

ルもスペースの許す限りで展示した。これらの写真は、さまざまな資料から収集したもの、あるいは筆者が撮影したものである。写真パネルとその説明パネルと合わせて最大50枚程度になるが、これらのパネルには順序性がないので、適宜ピックアップして展示することが可能である。

　以下では、「私宅監置と日本の精神医療史」展が、どのように展開していったかを３つの段階に分けて具体的に紹介したい。

２．第１段階（第１回～第３回）2014年11月～

　この段階の展示会はまだ方法的には模索状態であった。

　第１回のソウルでの展示期間中（2014年11月）は、ソウル駅近くのホテルに連泊して麻浦区の会場まで通った。それほど多くの人が訪れたわけではないが、通訳をお願いしたソウル在住の日本文学研究者を介して、来場者とじっくり意見交換ができた。日本の精神医療史自体に興味をもってくれる人もいたが、日本との比較から韓国の精神医療や障害者福祉の歴史や現状が語られる場合が多く、むしろ後者にこそこの展示会の意義があると感じられた。最終日の午後、会場建物の会議室で、「日本の精神医療の歴史と現状」という講演も行った。

　ソウルの展示会場を訪れた日本人研究者の縁で、2015年６月に第２回を東京の早稲田大学構内のワセダギャラリーで開催することになった。内容もソウル展のものから少しバージョンアップし、日本語・英語併記版のパネルを作成した。大学の授業と重なり東京には行けない期間は、早稲田大学の学生・院生に展示会「店番」のアルバイトをお願いした。授業のない日を選んで、展示の説明を行うギャラリートークの時間帯を設定した。おもにSNSをとおして開催通知をしただけだが、精神保健福祉の専門家以外の人たちを含めて見学者の数は予想以上に多かった。

　第３回の展示会は、2015年９月に大阪のレトロな建築で知られる船場ビルディングで開催した。会場として使用したのは、同ビル３階にあるギャラリー・スペースなどの２室である。ワセダギャラリーで展示したのとほぼ同じ展示物を利用すればよく、事前に準備することはほとんどなかった。連休の３日間のみの展示だったので、筆者が会場の「店番」と展示の

説明をすべて担当することにしていたが、準備、受付、片付けを含めて、多くの協力者の支援があって実現した。

3．第2段階（第4回〜第7回）2016年1月〜

　この段階の展示会では、単に展示品を展示するだけでなく、展示する会場の性格も重視していた。言い換えると、その場所で「私宅監置と日本の精神医療史」展を開催することに意味を与えようと考えていた。

　2016年1月から2月にかけて第4回の会場となった岡山市内のカイロスは、不動産業を営みながら精神障害者支援を行っている阪井ひとみ氏が代表をつとめる、通所型の支援施設である。建物は戦前昭和期に建てられたという純和風の2階建てである。1階はおもに当事者が切り盛りをするカレー店で、2階はかつての治療器具や薬品入れなどを展示する「精神資料室」になっている。この2階のスペースを使って展示を行った。「精神資料室」で行われる珍しい展示と思われたのか、カイロスの利用者だけではなく、岡山県の隣県からも見学者があった。

　第5回の展示は、2016年5月に豊橋市にある私立精神科病院の岩屋病院・旧病棟を使って行われた。岩屋病院は1934年に豊橋脳病院として設立され、愛知県内に現存する私立の精神病院としては2番目に古い。病棟の老朽化がすすみ、2014年には木造の病棟が解体され、続いて古い鉄筋コンクリートの病棟も徐々に解体されることになった。展示会は、閉鎖されて間もない鉄筋コンクリートの病棟内で行われた。旧病室の壁にパネルや写真を展示、ギャラリートークを行うとともに、それに続いて院内ツアーを病院のソーシャルワーカーにお願いした。院内ツアーのコースは、かつての洗濯小屋や漬物小屋や、院長の趣味で作られた岩風呂など、患者の生活と密接に結びついた場所である。展示会は地元新聞でも紹介されて[4]、多くの来場者があった。来場者はさまざまで、かつての患者や家族、昔の職員、あるいは「近くに住んでいながら、はじめて病院に入った」というの近隣の人々たち、お年寄りや・子ども連れもいた。展示会を行うことで、一般の人たちがつい最近まで入院患者がいた空間に足を運ぶことになり、ネガティブにせよポジティブにせよ、精神科病院や精神医療全般への関心を深

めるきっかけを与えることができたと思う。

　第6回は2016年9月に東京の都立松沢病院で開かれた。松沢病院はわが
国を代表する病院で、精神医療史の大舞台である。ここで展示会を実現す
る意義は大きいと考えていた。一般の人たちには、とても敷居が高いだろ
う、歴史のある精神科病院に足を踏み入れることができる、絶好の機会に
なるはずである。幸いにも、リハビリテーション棟の木工室を借りること
ができた。展示用にパーテーションをレンタルして、展示スペースを作り
出した。展示だけではなく、隣接する資料館への入場もでき、また、大正
時代に作業療法の一環として院内に作られた、池や築山も見学できたはず
なので、来場者には満足してもらえたのではなかろうか（図1）。

　ところで、松沢病院での展示会が行われる少し前の2016年8月に、**表2**
の展示パネルの⑪で使用している写真の被写体である沖縄の旧私宅監置室
を訪れた。⑪の写真は2013年に沖縄本島北部で撮影され、沖縄県精神保健
福祉協会の記念誌[5]に掲載された。文献を渉猟しているうちにたまたま
見つけたときの衝撃は忘れられない。もちろん今は使われていない監置室
だが、その構造物が残っていること自体が奇跡的である。自分がその場所
を訪れることはないだろうと思っていたところ、第4回の展示会を開催し
たカイロスの阪井氏の仲介で、沖縄県精神保健福祉会連合会の協力を得て、

図1　東京都立松沢病院でのギャラリートーク（2016年9月）

旧監置室の見学が実現した。しかし、いつ壊されるかわからない状況であるという。見学の日に、沖縄県精神保健福祉協会として、監置室が建っている自治体の長あてに「遺構の保存」に関する要望書を提出するということで、関係者とともに筆者も役場まで同行した。

　第 7 回の展示会は2017年 1 月から 2 月の日程で、第 4 回と同じカイロスで行った。

4．第 3 段階（第 8 回〜第12回）2017年 3 月〜 2018年12月

　第 8 回は2017年 3 月に　ひと・まち交流館 京都　で開催した。会場のカギの管理などのために、この展示会でも「店番」が必要だったため、知人の大学教員の紹介で京都市内の大学生にアルバイトをお願いした。

　京都での展示会の見学者からの紹介で、2017年 9 月から10月に大阪のリバティおおさか（大阪人権博物館）で第 9 回を行うことになった。リバティおおさかでは「歴史解説と写真展　精神医療の歴史と私宅監置　−過去との対話から、現在と未来へのメッセージ−」というタイトルで展示することになったが、背景には呉秀三・樫田五郎の論文「精神病者私宅監置ノ実況及ビ其統計的観察」（1918年）が出されてから100周年を迎えるという意識があった。博物館での企画展示は今回がはじめてで、常駐スタッフもおり、会場で「店番」のアルバイトを雇う必要もなく、およそ 1 ヶ月間の展示ができたのは幸運だった。会期中に 2 回の「レクチャー＆ギャラリートーク」が行われ、フロアーから質問やコメントが活発に出されたのが印象的であった。

　リバティおおさかでの「レクチャー＆ギャラリートーク」の際に、ドキュメンタリー映画の取材があった。呉・樫田の私宅監置論文から100年がたつのを記念して、わが国の精神医療の基礎を作った呉秀三の足跡をたどる映画制作プロジェクトがあるという。監督の今井友樹氏とカメラマンの小原信之氏が東京から来られたのである。2017年11月には、上記の呉・樫田の論文へのコメントなどを収録するために、今井氏、小原氏とプロデューサーの中橋真紀人氏の 3 人が愛知県立大学の筆者の研究室を訪れた。さらに、同じ年の12月中旬には、沖縄に残る、そして日本に唯一残ると考えら

れる旧私宅監置室を映画スタッフと一緒に取材することになった。今回の
ドキュメンタリー映画に反映させたいという意図があったようだ。上述し
た2016年 8 月に筆者が訪れた場所である（図 2 ）。だが、現地の見学の仲
介役であり、監置室の保存活動を行っている沖縄県精神保健福祉会連合会
の関係者からは、拙速に監置室を取材することへの懸念が示され、撮影は
断念することになった。監置室は、かつてそこに監置されていた患者の親
族の私有地に立っている。親族や地元住民にはさまざまな思いがあり、監
置室を保存することや、そもそも一般に公開することへの合意はできてい
ない状況だったからである。

　この映画を企画したのは、きょうされん の専務理事であり、日本精神
衛生会理事なども務められている藤井克徳氏である。数年前から映画の企
画を温めていたようで、藤井氏は、第 2 回のワセダギャラリーでの「私宅
監置と日本の精神医療史」展にも来られていた。映画の撮影がはじめられ
た頃と思われるが、藤井氏から筆者に連絡があった。2018年 3 月に東京の
有楽町マリオンで日本精神衛生会が主催する「第32回メンタルヘルスの集
い」に際して、その頃には完成しているだろうドキュメンタリー映画の予
告編を上映するとともに、同会場で「精神病者私宅監置と日本の精神医療
史」展も開催したいというオファーである。こうして第10回の展示会が実

図 2 　沖縄に残る旧私宅監置室（2016年 8 月、筆者撮影）

現することになった。有楽町マリオンでの展示会では、呉秀三関係の資料などとともに、かつて使われていた拘束具や拘束衣を東京都立松沢病院から借り受けて展示できたことは画期的だった[6]。

　その後、『夜明け前－呉秀三と無名の精神障害者の100年』として完成したドキュメンタリー映画[7]は、2018年6月から東京のアップリンク渋谷での上映を皮切りに、全国の劇場で上映されはじめた。同時に、各地で自主上映会が企画されるようになると、映画上映に合わせて「私宅監置と日本の精神医療史」展を開催してもらいたいという要望もあった。2018年10月の東京都生協連会館（中野区）での第11回[8]、同年12月のルネこだいら（小平市）での第12回の展示会は、映画上映会とタイアップした企画である。

おわりに

　「私宅監置と日本の精神医療史」展の開催を各地で重ね、来場者と意見交換をすることで、また2018年という時代のめぐり合わせで、ドキュメンタリー映画の制作・上映と結びつくという僥倖もあり、社会と市民の精神障害への関心と理解を深めるという「精神医療ミュージアム移動展示プロジェクト」の目的はかなり達成できたのでないかと自負している。とはいえ、精神医療史への社会と市民の理解が無限に広がっていくわけではない。2018年の段階で未解決だった沖縄の旧私宅監置室の保存問題[9]は、2022年時点でも解決していない。私宅監置という「忌まわしい」記憶を永久に忘却したいと願う人たちも存在し、それはそれで尊重されるべきことだろう。ただ、冒頭で引用したクンデラの『笑いと忘却の書』を読みすすめていくと、つぎのような一節にもつきあたる。

　よく人は、よりよき未来をつくるなどと叫ぶが、それは違う。未来とはただ、だれの関心もひかないような、つまらぬ空虚にすぎない。しかし過去は生命に溢れ、その顔は、私たちが過去を破壊するか書き直したいと思うほどにも、私たちを苛立たせ、反抗させ、傷つける。私たちはただ、過去を変えることができるようになるためにのみ、未来の主人になりたがるのだ。私たちが闘うのは、暗室にはいり込んで、伝記や<歴史>を書き直

すためなのである[10]。

　これは直接的にはクンデラを追放したチェコスロバキア共産党の下での
政治を揶揄したものと読めるが、彼自身も同書で述べているように「すべ
ての政党、国民、人間」が「＜歴史＞を書き直す」あるいは「抹殺」する
のである。なぜなら、「過去は（…）私たちを苛立たせ、反抗させ、傷つける」
からである。

　精神医療史を真正面からとらえる試みは、クンデラの言う「私たちを苛
立たせ、反抗させ、傷つける」ものであるだろう。沖縄の旧私宅監置室は、
まさにそれを象徴するものである。だが、そのような歴史を「なかったこ
と」として葬り去ってしまうことで、われわれは未来の指針をも失ってし
まうのではなかろうか。

　「おわりに」の最後に、課題を出しておきたい。本章では一般市民の精
神障害者への理解を深める手段として、展示会や映画上映をとりあげてい
る。このような手段の効果と限界を考えるとともに、ほかにどのような工
夫や手段がありうるか検討してみよう。

参考・引用文献

1 ）ミラン・クンデラ／西永良成訳（1992）『笑いと忘却の書』集英社. p.7.
2 ）Hsu Fang-Tze（許 芳 慈）(2017): Forgetting: A Form of Death Ever Present
　　Within Life. In *Yang Shen Yuan*. Taipei Fine Arts Museum. pp.28-33.
3 ）橋本明（2019）「精神医学史がアートになるとき」『臨床精神医学』48(3). pp.301-
　　307.
4 ）「精神医療の歴史展示　豊橋・岩屋病院　解体前の旧病棟で」中日新聞2016年 5 月
　　 7 日付記事.
5 ）北村毅編（2014）『沖縄における精神保健福祉のあゆみ－沖縄県精神保健福祉協会
　　創立55周年記念誌』財団法人沖縄県精神保健福祉協会. p.24.
6 ）橋本明（2017）「呉秀三・樫田五郎「精神病者私宅監置ノ実況及ビ其統計的観察」
　　から百年目の歴史展示」『心と社会』48(4). pp. 93-97.
7 ）「精神医学の祖　教え今に　呉秀三の業績伝える記録映画」毎日新聞2018年 5 月 7
　　日付記事.
8 ）「「座敷牢」の実態問う　精神疾患者の自宅幽閉　きょうから中野で企画展」毎日新

　　　　聞2018年10月11日付記事.
9)「精神障害者 監禁の傷痕 沖縄に小屋 保存へ動き」朝日新聞2018年 8 月22日付記事.
10)　ミラン・クンデラ前掲書.　pp.33-34.

あとがき

　2019年3月に出された国連子どもの権利委員会からの勧告「日本政府第4・5回統合報告審査に関する最終所見」では、過度な競争的システムの問題への批判や包括的な政策の必要性の他に、乳幼児期からの子どもの生命、発達の視点からの子ども期（childhood）の充実（well-being）や、意見表明権−聴かれる権利・参加の権利の重視を締約国に要請している（子どもの権利条約市民・NGOの会（2022）『国連子どもの権利条約と日本の子ども期−第4・5回最終所見を読み解く−』本の泉社. 参照）。この影響もあったのか定かではないが、2023年4月から施行される「こども基本法」の目的には、「日本国憲法および児童の権利に関する条約の精神にのっとり」、子どもの権利を擁護し、こども施策を総合的に推進することが謳われている。

　本書は、このような課題を重視し、子どもの声を十分に聴きとり、その背景を読み解き、複雑に絡まった糸を解きほぐし、問題・課題の解決に向けておとなも子どもも一緒に考え取り組む視座から、大切にしたい見方や考え方を提起することを試みた。おとなが一方的に解決を急ぐのではなく、まず、子どもを中心とした当事者・関係者がお互いを理解しあい、つながりあえるようにという思いから、本書のサブタイトルは、「子ども・教師・専門職がつながる学校・地域をめざして」とした。ウェルビーイングのためには、急がされず、安全で温かい雰囲気や人間関係が必要である。教師・学校だけで問題を抱え込むのではなく、地域の多様な人々や諸機関が連携することによってエンパワーされ、子どもたちが主体的に解決に向きあえるように支えていけることを願っている。

　望月氏から序章の原稿をいただいた後は、愛知県立大学教育福祉学部・大学院人間発達学研究科は、2020年度には、教職員支援機構の「令和2年度　教員の資質向上のための研修プログラム開発・実施支援事業」に申請し採択され、愛知県総合教育センター等と連携して、「スクールソーシャルワークの視点と方法を取り入れたリーダー研修プログラム開発−『ケー

ス会議』を活用した『チーム学校』による協力体制づくり−」を実施した。学校現場の教職員、ソーシャルワーカー、院生のみなさんの協力により、ケース会議の研修動画も作成することができた。また、2021年度からは、新たに日本学術振興会科学研究費助成事業（基盤研究（B））に採択され、山本理絵を研究代表者として教育福祉学部を中心とした教員が「多様化社会における教育と社会福祉の連携による生涯発達支援に関する総合的研究」に取り組んでいる。多様なニーズをもつ子どもやその家庭の支援における教育と社会福祉の連携のみならず、一生涯にわたる「人間発達」の支援に関する多様な問題に対応できる連携のシステムやネットワークの構築に必要な視点や方法を、当事者のニーズ、法律、制度、行政組織、支援目的・方法、専門職の意識、支援者養成・研修、それぞれのレベルから明らかにしようとしている。このような共同研究の過程で、多くの関係の方々に智恵をいただき、励まされた。そして、その実績をもとに、本書は「令和４年度　愛知県立大学学長特別研究費」による出版助成を受けることができた。出会った関係のみなさまに深く感謝する。

　最後に、本書の出版にあたって、企画を快く受け入れてくださり、労を惜しまずにご尽力いただいた溪水社の木村斉子様はじめ、みなさまに厚く御礼申し上げます。

　　　2023年２月　　　　　　　　　　　　編者を代表して　山本　理絵

付記

　本書は、2016 〜 2019年度日本学術振興会科学研究費補助金（基盤研究（B）（一般））「教育と社会福祉の連携によるウェルビーイングの実現をめざす教育福祉の総合的研究」（課題番号：16H03766　研究代表者：望月彰）及び、2021年度・2022年度日本学術振興会科学研究費補助金（基盤研究（B））「多様化社会における教育と社会福祉の連携による生涯発達支援に関する総合的研究」（課題番号：21H00821　研究代表者：山本理絵)の研究成果の一部をもとにしたものである。

執筆者一覧

（代表）　山　本　理　絵　（愛知県立大学　教育福祉学部　教育発達学科　　教授）　第3部1章
（代表）　望　月　　　彰　（愛知県立大学　名誉教授・元教育福祉学部　　教授）　序章
　　　　　田　川　佳代子　（愛知県立大学　教育福祉学部　社会福祉学科　　教授）　第1部1章
　　　　　馬　場　幸　子　（関西学院大学　人間福祉学部　社会福祉学科　　教授　第1部2章
　　　　　　　　　　　　　・元愛知県立大学大学院人間発達学研究科非常勤講師）
　　　　　葛　西　耕　介　（愛知県立大学　教育福祉学部　教育発達学科　准教授）　第1部3章
　　　　　三　山　　　岳　（愛知県立大学　教育福祉学部　教育発達学科　准教授）　第2部1章
　　　　　瀬　野　由　衣　（愛知県立大学　教育福祉学部　教育発達学科　准教授）　第2部2章
　　　　　大　賀　有　記　（愛知県立大学　教育福祉学部　社会福祉学科　准教授）　第2部3章
　　　　　野　田　博　也　（愛知県立大学　教育福祉学部　社会福祉学科　准教授）　第2部4章
　　　　　稲　嶋　修一郎　（愛知県立大学　教育福祉学部　教育発達学科　　教授）　第2部5章
　　　　　村　田　一　昭　（愛知県立大学　教育福祉学部　社会福祉学科　准教授）　第2部6章
　　　　　内　田　純　一　（愛知県立大学　教育福祉学部　教育発達学科　　教授）　第3部2章
　　　　　大　貫　　　守　（愛知県立大学　教育福祉学部　教育発達学科　准教授）　第3部3章
　　　　　渡　邊　か　お　り　（愛知県立大学　教育福祉学部　社会福祉学科　准教授）　第3部4章
　　　　　宇都宮みのり　（愛知県立大学　教育福祉学部　社会福祉学科　　教授）　第3部5章
　　　　　高　橋　範　行　（愛知県立大学　教育福祉学部　教育発達学科　准教授）　第3部6章
　　　　　橋　本　　　明　（愛知県立大学　教育福祉学部　社会福祉学科　　教授）　第3部7章

＜コラム＞
　　　　　森　川　夏　乃　（愛知県立大学　教育福祉学部　社会福祉学科　准教授）　第2部コラム1
　　　　　渡　邉　眞依子　（愛知県立大学　教育福祉学部　教育発達学科　准教授）　第3部コラム2

＜実践事例＞
　　　　　早　川　真　理　（愛知県立大学　客員共同研究員　　　　　　実践事例1・4
　　　　　　　　　　　　　スクールソーシャルワーカー・スーパーバイザー）
　　　　　水　野　みち代　（愛知県立大学　生涯発達研究所　研究協力者　実践事例2
　　　　　　　　　　　　　スクールソーシャルワーカー）
　　　　　酒　井　多輝子　（愛知県立大学　生涯発達研究所　研究協力者　実践事例3・4
　　　　　　　　　　　　　スクールソーシャルワーカー）

教育と福祉が出会う支援

—— 子ども・教師・専門職がつながる学校・地域をめざして ——

2023年3月20日　発行

編　者　山本　理絵・望月　彰（責任編集）

　　　　愛知県立大学「教育福祉学研究会」

発行所　株式会社溪水社
　　　　広島市中区小町1-4（〒730-0041）
　　　　電話082-246-7909　FAX082-246-7876
　　　　e-mail: contact@keisui.co.jp

ISBN978-4-86327-613-0 C3037